Der geheime Ursprung der Wörter

ANDREA SCHOMBURG
IRMELA SCHAUTZ

Der geheime Ursprung der Wörter

Auf den Spuren von Mumpitz, Firlefanz und Wischiwaschi

DUMONT

Inhalt

Vorwort

»Firlefanz«, »Papperlapapp«, »Larifari« ... Wir alle kennen diese umgangssprachlichen, manchmal liebenswert altmodischen, teils lautmalerischen, immer aber prägnanten Wörter und Ausdrücke, die in besonderer Weise unsere Gefühle und Wahrnehmungen transportieren. Ihre Herkunft liegt meist im Dunkel der Sprachgeschichte – und wie so oft verbirgt sich auch in dieser Obskurität mancherlei Spannendes: Hier sind es etymologische Schätze, Geschichten darüber, wie es zur Entstehung der jeweiligen Begriffe und Redewendungen kam.

Das vorliegende Buch möchte Licht ins Dunkel bringen – auch wenn diese Absicht teilweise nur vorgetäuscht wird. Denn: Zu jedem Begriff werden vier verschiedene wissenschaftlich-sachlich wirkende Herkunftserläuterungen angeboten, doch nur jeweils eine dieser Darstellungen trifft tatsächlich zu.

Die fiktiven Herleitungen wurden anhand von Fakten und frei erfundenen Elementen zu möglichst plausiblen Flunkereien zusammengesetzt, die sogar uns selbst manchmal in die Irre führen, wenn wir sie nach längerer Zeit wieder lesen. Was war denn nun noch mal die korrekte und einzig wahre Etymologie? Woher kommt etwa das Wort »Marotte«? Von dem schrulligen Neapolitaner Giovanni di Marotta und seinen wunderlichen Gepflogenheiten? Von der Bezeichnung für den Puppenkopf am Ende des Narrenstabes? Vom schwedischen Wort *markatta* für »Meerkatze«, »Hexe«? Oder ist es eine Weiterentwicklung des altfranzösischen Begriffs *maraud* (»Lump«)?

Kennen Sie die Antwort? Wenn nicht: Welche halten Sie für wahrscheinlich? Spielen Sie mit und versuchen Sie – allein, zu zweit, mit der Familie oder mit Freunden – zu erraten, wie die Wörter entstanden sind. Dabei können Sie beispielsweise die vier Definitionen zu jedem Begriff vorlesen und zur Diskussion stellen, sich ein Punktesystem für richtige Antworten ausdenken und gemeinsam oder aufgeteilt in Teams nach der jeweils korrekten Herleitung suchen.

Die Illustrationen bilden die Ausdrücke nicht eins zu eins ab, sondern gehen assoziativ und poetisch mit ihnen um. Sie greifen die (wahren und falschen) Definitionen spielerisch auf, ohne die Lösung zu verraten, provozieren Fragen, regen zum Nachdenken und Schmunzeln an. So fangen sie sowohl den bunt-verrückten als auch den wissenschaftlich fundierten Aspekt der Wortgeschichten ein – und spornen vielleicht Ihren Entdeckergeist an.

Wie auch immer Sie sich den Wortursprüngen nähern, ob still grübelnd oder laut debattierend: Im Auflösungsteil erfahren Sie die wahre Herkunft der Begriffe – und vieles mehr.

Wir wünschen Ihnen viel Spaß beim Lesen, Betrachten und Knobeln. Packen Sie also den Mumpitz am Schlafittchen, schaffen Sie Ordnung im Tohuwabohu der Worthalunken, entlarven Sie die hanebüchenen Lügen oder lassen Sie sich einfach hemmungslos verhohnepipeln!

Andrea Schomburg und Irmela Schautz

BERSERKER FAMILIE
anno 500 n. Chr.
Berserkus †
Ursus *
Serka *
Odivar *

Berserker

Substantiv, maskulin

»Wie ein Berserker hausen« – das bezieht sich mittlerweile nur noch auf die Bewohner von chaotischen Jugendzimmern und den Zustand von WGs nach wilden Partys. Man kann auch »wie ein Berserker arbeiten«. Woher aber stammt dieser martialisch klingende Ausdruck?

1.

Der Begriff entstammt dem englischen *to go beserk* (ugs. »durchdrehen, ausrasten«). Eine noch heute benutzte Wendung aus dem Mittelenglischen, die sich ursprünglich auf den von verzweifelter Wildheit geprägten Aufstand der Leibeigenen (*serfs*) Mitte des 12. Jahrhunderts in der Gegend von Bers-on-Wye bezog. Ihr Aufruhr wurde blutig niedergeschlagen, lebte aber in dem Ausdruck *like a bers-serf*, später redensartlich verändert zu: *to go beserf* (heute: *to go beserk*), weiter und leitete die Abschaffung der Schuldknechtschaft in England ein. Zur Sprachentwicklung von *bers-serf* zu *beserk* vgl. Horst Weinstock, *Mittelenglisches Elementarbuch*.

2.

Malus berserkus bezeichnete im frühen Mittelalter einen epileptischen Anfall, den man für eine Besessenheit durch den Halbgott Berserkus hielt. In der germanischen Mythologie war Berserkus der Sohn eines Bären und der Göttin Serka, eigentlich der Göttin der Familie und der Tugend. Ihr Gatte Odivar hasste und schikanierte den illegitimen Spross so sehr, dass dieser ihn schließlich in einem Anfall von Raserei erschlug und damit die Götterdämmerung auslöste.

3.

Das Wort bedeutet »wilder Krieger, kampfwütiger Mensch«. Es wurde zu Anfang des 19. Jahrhunderts aus dem Altisländischen entlehnt (*berserkr*) und setzt sich aus aisl. *ber-* (»Bär«) und *serkr* (»Hemd, Gewand«) zusammen. Ursprünglich bezeichnete es also einen Krieger, der sich in ein Bärenfell hüllte, im Glauben, die Kräfte des Bären würden so auf ihn übergehen und er würde, unterstützt durch den Kriegs- und Totengott Odin und ausgestattet mit der Wildheit eines Bären, siegreich aus dem Kampf hervorgehen.

4.

In der thüringischen Mundart bedeutet das Wort »Beerensucher«. Auf sie verweist auch das Thüringer Lied »Schwarze-Beer-Leut kimma, ham schwarze Mäuler«. Im Thüringer Wald wuchsen sehr viele Blaubeeren (»schwarze Beer«), die von armen Leuten gepflückt und an den Haustüren verkauft wurden. Da diese Leute meist den ganzen Tag über nur Blaubeeren gegessen hatten und mit ihren schwarzen Zähnen und verschmierten Mündern recht furchterregend aussahen, wurde unartigen Kindern oft gedroht: »Dich holt der Bärsööker!«

LITERARY LIFE
Zorn un
Feminism
Der Tod des Märchenprinzen
Virginia Woolf
A Room of One's Own
Monologues
Suffragette
Das andere Geschlecht * Simone de Beauvoir
Benjamin Stillingfleet
weibliche Prinzip

Blaustrumpf

Substantiv, maskulin

Als »Blaustrumpf« bezeichnete man bis weit ins 20. Jahrhundert hinein eine intellektuelle Frau ohne weiblichen Charme, die sich unbegreiflicherweise mehr für die Wissenschaft als für Männer interessierte. Noch heute soll, dem Vernehmen nach, die allzu große Intellektualität einer Frau bei einigen Männern einen Fluchtreflex auslösen.

Warum aber »Blaustrumpf«?

1.

Vogelkundler des 19. Jahrhunderts wunderten sich, dass die ursprünglich blauen Beine der weiblichen Blaufußtölpel (Galapagosinseln) nach der Balzsaison rot wurden, und zwar in dem Augenblick, wo sie in den Nestern saßen und brüteten. Nur einige wenige Weibchen, nämlich diejenigen, die nicht auf einem Gelege saßen, behielten ihre blauen Beine. So entstand der Begriff »Blaustrumpf« für Frauen, die kein Interesse an ihrer ›naturgewollten‹ Bestimmung zeigten.

2.

Seit ca. 1830 im Deutschen populäre Lehnübersetzung aus engl. *bluestocking:* Mitte des 18. Jahrhunderts gründete Lady Montague in London als Gegenreaktion auf die langweiligen gesellschaftlichen Treffen, bei denen Damen hauptsächlich dekorative Zwecke erfüllten, einen schöngeistigen Zirkel. Hier war gern zugelassen, wer etwas zur Diskussion beizutragen hatte – so auch der renommierte, aber mit irdischen Gütern wenig gesegnete Botaniker Benjamin Stillingfleet, der blaue Garnstrümpfe statt der üblichen schwarzen Seidenstrümpfe trug. Dieser skandalöse Verstoß gegen die Etikette sprach sich herum, und bald wurden sämtliche Teilnehmer des Zirkels – männliche wie weibliche – als *bluestockings* bezeichnet.

3.

Die Suffragetten, die Kämpferinnen für das Frauenwahlrecht zu Anfang des 20. Jahrhunderts, trugen bei ihren Demonstrationen nicht nur die sackartigen Reformkleider, anstatt sich in verführerische Korsettgewänder zu schnüren. Die Kleider waren auch, damit ihre Trägerinnen im Bedarfsfall schneller wegrennen konnten, geradezu skandalös kurz und ließen fast die halbe Wade frei, sodass die blauen Strümpfe, die zum Zeichen der Solidarität von allen getragen wurden, bei jedem Schritt sichtbar wurden.

4.

Zum ersten Frauen-College in Oxford – Lady Margaret Hall, gegründet 1878 – gehörte eine Uniform in den Farben des Colleges: »*Green like the meadows of the Thames, blue like its water*«, also Grasgrün und Blau. So waren etwa die Strümpfe blau und blitzten bei den temperamentvollen Bewegungen der jungen Studentinnen häufig unter den knöchellangen Röcken hervor – der Ausdruck *bluestocking* war geboren.

36
37
38
39
40
41
42
43

blümerant

Adjektiv

Die Älteren unter uns kennen es noch gut: das Wort »blümerant« für »schwindelig, flau«. Ein Ausdruck, der lustigerweise inzwischen auch ein beliebter Name für Blumenläden ist. Dabei hat das Adjektiv mit Geblümel gar nichts zu tun!

1.

»Mir is jet plümmerant«, pflegt man im Rheinland zu sagen – »plümmerant« mit p. Im rheinischen und Berliner Dialekt, die ja beide sehr von der Franzosenzeit beeinflusst sind, bezeichnete dieser Ausdruck einen körperlichen Zustand, in dem man sich am liebsten unter das Federbett (rheinisch: »Plümmo«, von frz. *plume*, »Feder«) zurückziehen wollte.

2.

»*Ce n'est plus marrant*«, zu Deutsch: »Das ist nicht mehr witzig!« Dieser alte französische Ausdruck, der noch von den Hugenotten stammt, drückte zunächst Ablehnung und Empörung über einen inakzeptablen Vorschlag eines Geschäftspartners aus, dann allmählich dieselben Reaktionen auf einen Schwächezustand, den man als »überhaupt nicht lustig« empfand. In der Form »plümerant« eroberte das Wort von Berlin aus im 18. Jahrhundert den deutschen Sprachraum.

3.

Aus dem lat. Substantiv *plumbum* (»Blei«) und dem dazugehörigen Adjektiv *plumbeus* (»bleiern, stumpf, stumpfsinnig«) sowie dem Verb *errare* (»herumirren«) entstand *plumberrare* (»dumpf herumirren«). Das Partizip Präsens *plumberrans* beschrieb im alten Rom ein fiebriges Krankheitsbild, das mit großer Unruhe und einem bleiernen Gefühl in den Gliedmaßen verbunden war. Im Laufe der Sprachentwicklung wurde *plumberrans* zu »blümerant« und stand für ein allgemeines Schwäche- und Schwindelgefühl.

4.

Das Wort wurde im 17. Jahrhundert aus frz. *bleu mourant* (wörtlich: »sterbendes Blau«, gemeint: »blassblau«) entlehnt. Es stammt aus der Zeit, als die Damen aufgrund der engen Schnürungen ihrer Korsetts häufig ohnmächtig wurden, und bezeichnet den changierenden Farbschleier, den man bei Schwindelanfällen zu sehen glaubt, verbunden mit der fast bläulich-bleichen Gesichtsfarbe. Bei jemandem, dem »blümerant« wurde, empfahl sich umgehend die Anwendung eines Riechfläschchens.

Brimborium

Substantiv, Neutrum

»Mach nicht so ein Brimborium!«, sagen wir, wenn jemand überflüssigen und übertriebenen Aufwand betreibt. Das ist doch ursprünglich bestimmt etwas Lautmalerisches – oder?

1.

Das lustig-lautmalerische, respektlose »Brimborium« (in der heutigen Bedeutung seit dem 19. Jahrhundert nachzuweisen) hat einen spirituellen Hintergrund. Das frz. Wort *brimborion* (erster Nachweis 1611), das »Lappalie« bedeutet, geht auf das mfrz. *breborion* bzw. *briborion* (»Zaubergebet, Zauberformel, Kleinigkeit ohne Wert«) zurück, das vermutlich mit dem kirchenlat. *breviarium* (»kurzes Verzeichnis, Auszug«) zusammenhängt, aus dem sich das »Brevier«, die Sammlung der Stundengebete, entwickelt hat.

2.

Aus lat. *primula* (»erste Frühlingsblume«) und *orare* (»reden«) im Vulgärlateinischen über *primborare* zu *primborarium* zusammengezogenes Substantiv, welches blumenreich-übertriebene Werbungsreden im Frühling bezeichnet. Vgl. auch das altrömische Frühlingsfest, das Priapus, dem Gott der Fruchtbarkeit, geweiht war.

3.

Der Ausdruck entstand während der Kolonialisierung Afrikas um die Mitte des 19. Jahrhunderts zunächst in Kreisen englischsprachiger Missionare als pejorativ-lautmalerischer Ausdruck für die von Trommeln untermalten religiösen Riten der indigenen Kulturen, deren spirituellen Sinn die Missionare aufgrund ihres eurozentrischen Weltbildes nicht verstanden und auch nicht verstehen wollten.

4.

Latinisierende Wortschöpfung aus dem Englischen (vgl. auch engl. *emporium, auditorium* etc.), abgeleitet von engl. *prim and proper* (»übertrieben tugendhaft«). Nach Lady Priscilla Prim, der Figur aus einem Roman von Charles Dickens, die demonstrativ ihre Tugendhaftigkeit kundtat, bei dem Wort »Bein« in Ohnmacht fiel und in ihren Bücherregalen männliche und weibliche Autoren strikt trennte. Später erweiterte sich die Bedeutung zu allgemein »übertriebenem Getue«.

Luigi
Fiaschino

Fiasko

Substantiv, Neutrum

Ein Fiasko haben wir alle schon einmal erlebt – leider! Und wir wissen nur zu genau, wie sich das anfühlt. Woher aber stammt das hübsche, italienisch anmutende Wort?

1.

Der Ausdruck »Fiasko« für ein erfolgloses Theaterstück stammt aus der Welt der Glasbläser in Venedig. Wenn sich Lehrlinge am Blasen von komplizierten Formen versuchten und wieder nur eine einfache Flasche zustande bekamen, rief das Publikum höhnisch: »*Altro fiasco!*« (»Noch eine Flasche!«) Dieser Ausdruck wurde in die Welt der Oper übertragen, wo misslungene Töne mit »*Fiasco*«-Rufen kommentiert wurden. Am Ende wurde dem verspotteten Sänger dann tatsächlich auch kein Lorbeerkranz, sondern eine leere Flasche umgehängt.

2.

Die flaschenhalsförmige Meerenge (ital. *fiasco*) zwischen Kalabrien und Sizilien, die Straße von Messina, gilt wegen ihrer Untiefen und widrigen Winde als besonders gefährlich. Sprichwörtlich wurden Schiffbrüche hier als *far fiasco* bezeichnet. Auch im Deutschen wird ja der Ausdruck »Schiffbruch erleiden« im übertragenen Sinne verwendet.

3.

Die althd. Bezeichnung *flaska* galt einer Tonflasche, die leicht zerbrach. Die römischen Soldaten, die schon längst eine fortgeschrittenere Töpfertechnik kannten, etikettierten diese minderwertigen, zerbrechlichen Gefäße mit dem Wort *fiasco,* das später auf Misserfolge aller Art bezogen wurde.

4.

In den tolldreisten Geschichten des *Decamerone* bezeichnete *fiasco* einen Misserfolg der erotischen Art, nach Luigi Fiaschino, der sich immer wieder mit großem Aufwand zum Rendezvous verabredete, im entscheidenden Moment jedoch von lauter Aufregung versagte. Sein Name war mit dem Verkleinerungssuffix *-ino* dem damaligen Slangausdruck *fiasco* für das männliche Geschlechtsteil nachgebildet und bedeutet wörtlich übersetzt »kleine Flasche, Fläschchen«.

CIRCUS
sience 1886

Firlefanz

Substantiv, maskulin

Flitterkram, törichtes Zeug, Possen – all das ist nicht unbedingt positiv konnotiert. Trotzdem klingt »Firlefanz« so erfrischend fröhlich und lebendig, dass man eigentlich viel mehr Firlefanz treiben sollte.

1.

Von Alfonso Firli, dem Urvater der Zirkusdynastien Sarasani und Busch, der auf den Jahrmärkten und Volksfesten des 17. Jahrhunderts begeisterten Zulauf wegen seiner tanzenden Elefanten fand, die als »Firlifanten« angekündigt wurden und eigentlich Menschen in Elefantenkostümen waren. Ob dies den Zuschauern bewusst war, ist nicht überliefert.

2.

Der Ausdruck, der seit dem 16. Jahrhundert nachzuweisen ist, basiert auf dem mhd. *firli-fanz*, das einen lustigen Springtanz beschreibt und dessen erster Bestandteil sprachgeschichtlich bisweilen auf afrz. *virelai* (»Ringellied«) zurückgeführt wird, während *-fanz* möglicherweise mit dem mhd. *vanz* für »Possen« zusammenhängt. In jedem Fall hat es mit leichter, fröhlicher und sorgloser Bewegung zu tun, was im Begriff »Firlefanz« nach wie vor mitschwingt.

3.

Der Ausdruck »Firlefanz« stammt vom finn. *virvatuli* (»Irrlicht«) ab und bezeichnet die traditionellen finnischen Feierlichkeiten zur Walpurgisnacht, während derer die jungen Mädchen in Feenkostümen im nächtlichen Wald herumgeistern, eben wie Irrlichter, weil ihnen, der Sage nach, dort im Mondschein der Schatten des zukünftigen Geliebten erscheint.

4.

Das seit Mitte des 18. Jahrhunderts belegte Substantiv geht auf den frz. Ausdruck *faire l'enfant* (»sich wie ein Kind aufführen, Unsinn machen«) zurück. Von französischen Gouvernanten als tadelnde Äußerung in deutsche Adelskreise eingeführt, wurde es über die Hausangestellten zu *fir-le-fant* und dann »Firlefanz« umformuliert und erfuhr allmählich eine Bedeutungsverlagerung von der Aktivität zu deren Inhalt, eben dem Firlefanz.

Galan

Substantiv, maskulin

»Galan« – heutzutage wird das Wort nur noch spöttisch für »Liebhaber«, »Verehrer« verwendet. In früheren Zeiten war das ganz anders.

1.

»Galan« leitet sich von griech. *galanthus* (»Schneeglöckchen«) ab, das sich wiederum aus griech. *gala* (»Milch«) und *anthos* (»Blüte«) zusammensetzt. Ein Galan war jemand, der nach der mittelalterlichen Sitte seiner Angebeteten im Frühling einen Bund Schneeglöckchen als Symbol der Reinheit seiner Liebe und der keuschen Kühle der Dame überreichte. Dies galt als höfisch, höflich, wohlgesittet und eben galant. Außerdem als Zeichen von Mut, da die damals sehr seltenen Schneeglöckchen nur in entlegenen Bergregionen im Schnee wuchsen und teilweise unter Lebensgefahr gepflückt werden mussten.

2.

Das Wort »Galan« stammt aus dem Französischen und ist eine Mischbildung aus afrz. *galéjer,* »scherzen«, und *altan* (von lat. *altus* für »hoch«), dem Begriff für einen vorgebauten, auf Säulen ruhenden Balkon. Ein Galan war also jemand, der in der lebensfrohen Zeit des Barocks die Säulen des Altans erklomm, um mit der Liebsten zu scherzen, wobei zu bedenken ist, dass das afrz. Wort *galer* (»sich amüsieren«), welches mit *galéjer* verwandt ist, ein Euphemismus für das derbe *baiser* war, das den Geschlechtsverkehr bezeichnet.

3.

Das Wort »Galan« wurde um 1600 aus span. *galàn*, »Liebhaber«, in die deutsche Sprache übernommen. Entwickelt hatte es sich aus dem span. Substantiv *gala* (»Festkleidung«) und bezeichnete anfangs den »elegant gekleideten Höfling«; wenig später dann war mit dem Ausdruck ein vornehm auftretender, über feine Manieren verfügender Verehrer gemeint.

4.

Eins der zahlreichen arabischen Lehnwörter, die die Kreuzritter nach Europa brachten: *Cha-lan* bezeichnete im Arabischen den seriösen Bewerber (*al cha*), der mit seiner gesamten Sippe (arab.: *lanh*) der Sippe der Umworbenen seine Aufwartung machte. In Europa (zunächst in Spanien) nahm das Wort die Bedeutung »höflicher Bewerber um die Gunst einer Dame« an. Vgl. auch das Wort »Kavalier«, das ebenfalls die Wortwurzel *-cha-*, »seriöser Bewerber«, enthält.

Gesindel

Substantiv, Neutrum

»Gesindel« sagt man zum Glück heutzutage nicht mehr – jedenfalls gilt es mittlerweile zu Recht als politisch unkorrekt, eine Gruppe von Menschen mit solch einem abwertenden Wort zu bezeichnen. In früheren Jahrhunderten war man in dieser Hinsicht jedoch weniger zimperlich …

1.

Der Ausdruck »Gesindel« hatte ursprünglich keinerlei negative Konnotation – er bedeutete »kleine Gefolgschaft, kleine Kriegerschar« und war ganz neutral eine Verkleinerungsform von »Gesinde«, was im Mittelhochdeutschen »Gefolge, Kriegsvolk, Truppen« meinte. Daneben bezeichnete es die »Begleiter«, also diejenigen, die denselben Weg hatten wie man selbst (vgl. auch »Gefährte« als jemand, mit dem man gemeinsam »auf Fahrt« ist), abgeleitet von dem untergegangenen mhd. Substantiv *sint* (»Weg, Reise«).

2.

Bei der im Frühmittelalter herrschenden Armut war es nicht verwunderlich, dass eine hohe Kriminalität herrschte, häufig ausgeübt durch Banden, die meuchelnd, raubend und wildernd durchs Land zogen. Der Ausdruck »Gesindel« für solche Gruppen entstand aus mhd. *geswinde* (»schnell, ungestüm«), was wiederum eine Bildung zu mhd. *swinde* (»stark, heftig, grimmig, böse«) darstellt: Es handelte sich also um böse Banden, die nach ihren Missetaten schnell wieder verschwanden.

3.

Der Ausdruck stammt vom ital. *guisindola* ab, das einen Taschendiebstahl (von *guisa,* »Tasche«, und *andolare,* »mit geschmeidigen Bewegungen tanzen«, vgl. »ondulieren«) bezeichnet. Für diejenigen, die diese Diebstähle mit großer Geschicklichkeit ausübten, entstand zunächst in der italienisch-österreichischen Grenzregion, dann im gesamten deutschen Sprachraum die Bezeichnung *guisindoli,* aus der später »Gesindel« wurde.

4.

In der Kirchensprache des Mittelalters lautete die Sammelbezeichnung für lässliche Sünden wie Betteln, Einschlafen während der Predigt, Entwenden von Esswaren für den eigenen Gebrauch etc. verharmlosend »Gesündel«. Allmählich bezog sich der Begriff auch auf jene, die solche Sünden begingen, und wurde so im Laufe der Sprachentwicklung zu »Gesindel«.

Hagestolz

Substantiv, maskulin

Der Begriff »Hagestolz« beschreibt im Kern dasselbe wie der Begriff »Single«: einen allein lebenden Mann. »Single« jedoch evoziert Freiheit, Unabhängigkeit und ein reichhaltiges erotisches Erlebnisspektrum, während mit »Hagestolz« eher Schrulligkeit und oft auch eine gewisse Frauenfeindlichkeit assoziiert werden.

1.

»Hagestolz« ist abgeleitet von Hagen von Tronje, dem grimmigen Hagen des *Nibelungenliedes* (auch »stolzer Hagen« genannt). Hagens Ehelosigkeit wird traditionell auf seine Vasallentreue zu Gunther zurückgeführt, von modernen Sexualforschern jedoch auf unterdrückte zärtliche Gefühle für seinen Lehnsherrn. Entsprechend wird der Mord an Siegfried durch enttäuschte Annäherungsversuche an diesen erklärt und stellt eigentlich einen Mord an Hagens eigenen Gefühlen dar.

2.

Böhmischer Volksglaube, mit dem bei einem Mann eine hartnäckige Eheverweigerung erklärt wurde: Ein solcher Mann habe auf einem Hexenstuhl, böhm.-tschech. *hach-stolice*, gesessen. Der Begriff setzt sich zusammen aus ahd. *hain, haach* (für einen von einem Zaun umfriedeten Bereich, abgeleitet von der Vorstellung, dass Hexen auf Zäunen reiten) und tschech. *stolice*, »Stuhl, Bank«. Von dem verhexten Stuhl ging die Bezeichnung allmählich auf den solcherart behexten Mann über und wurde in der volksetymologisch angeglichenen Form »Hagestolz« Bestandteil der deutschen Sprache.

3.

Götz von Berlichingen, als Ritter mit der eisernen Hand im Goethe-Schauspiel verewigt, lebte tatsächlich als Gottfried Stolz von Berlichingen, allerdings mit einem eisernen Haken (*hagen*) als Handersatz. Das berühmte Götz-Zitat (»Er aber, sag's ihm, er kann mich im Arsche lecken!«) bezog sich in Wahrheit auf die vielen Eheanträge, die er mit so großer Ruppigkeit ablehnte, dass der Ausdruck »Hage-Stolz« sich in ganz Deutschland verbreitete. Erst im hohen Alter heiratete er Wartburga von Klissingen, bekam mit ihr zahlreiche Nachkommen und wurde zu einem begeisterten Verfechter der christlichen Ehe.

4.

Der zweite Teil von »Hagestolz« (mhd. *hagestalt*, ahd. *Hagustalt*) hat mit »Stolz« nichts zu tun, sondern leitet sich aus got. *staldan* (»besitzen«) ab und bedeutet zusammen mit dem Wortteil »Hage« eigentlich »Hagbesitzer«, wobei *hag* ein bebautes Grundstück neben dem eigentlichen Gutshof bezeichnete, welches zu klein war, um darauf einen eigenen Hausstand zu gründen, sodass der Bewohner – oft der jüngere Sohn der Familie, da nur der älteste Sohn den Hof erbte – Junggeselle blieb.

1

Halunke

Substantiv, maskulin

»Halunke« – Bezeichnung für einen mehr oder weniger gefährlichen Kleinkriminellen, in der liebevoll-burschikosen Anrede »Na, du Halunke?« auch gern für einen kleinen Jungen. Kleine und große Halunken gab es schon immer …

1.

Zusammengesetzt aus der indogerm. Wurzel *-unc-* (»düster, schwer sichtbar«, vgl. z. B. »dunkel«, »Unke«) und dem Wort *hal* (»hell«) war ahd. *halunk* zunächst eine Bezeichnung für »Blitz« (als kurze Helligkeit im Dunkel) und dann, nachzuweisen seit dem 15. Jahrhundert, im übertragenen Sinne eine Benennung für einen unzuverlässigen, windigen Gesellen.

2.

Aus der ersten Silbe von lat. *(h)al(l)ucinari* (»gedankenlos reden oder sein«) und lat. *luna* (»Mond«) zunächst zu *Haluno* gebildete Bezeichnung für »Schlafwandler«, der dem Volksglauben nach nur oder vorwiegend bei Vollmond »den klaren Verstand verliert« und nachtwandelt. Von dort zu »mit nächtlich dunklen Geschäften befasst« umgedeutet, im slawischen Raum mit k versehen (vgl. Ilona → Ilonka, Christina → Christinka usw.) und als »Halunke« in den deutschen Sprachraum rückentlehnt.

3.

Ursprünglich stammt der Begriff aus dem seit dem Altertum in ganz Europa verbreiteten Salzbergbau (erster Nachweis bei Halle um 1300), wo die gefürchtetste Komplikation das Eindringen von Wasser war. Einem Aberglauben der Bergarbeiter zufolge wurde ein solcher Wassereinbruch von einem Berggeist namens »Halonkul«, aus mhd. *hal* (»Salzquelle«) und lat. *avunculus* (»Kerl, Mannsbild«, ursprünglich »Onkel«), ausgelöst. Vom Namen des Berggeistes weitete sich die Bezeichnung auf Individuen mit finsteren Absichten allgemein aus.

4.

Das Wort »Halunke« lässt sich auf zwei Quellen zurückführen: einerseits auf alttschech. *holomek* (»Diener, Knecht«, aber auch »Henkersknecht, Gauner«), andererseits auf ostmitteld. *Holunke* (»Bote, Stadtdiener, Heideläufer«). In beiden Wortursprüngen steckt das Wort *holý* bzw. *holy*, was in beiden Sprachen »kahl, nackt, bloß« bedeutet und sich im Tschechischen auf den nackten Hodensack des jungen Mannes bezieht, im Ostmitteldeutschen auf die kahle Heidelandschaft.

Gebrüder Grimm

hanebüchen

Adjektiv

Hanebüchene Lügen, hanebüchene Aussagen – »hanebüchen« steht für »absurd, empörend, grob, unfassbar«. Das Wort ist selten geworden, das Phänomen aber scheint im Zeitalter von Fake News und alternativen Fakten immer häufiger zu werden …

1.

Früher hieß es »hagebüchen«, von mhd. *hagenbüechin*, und bedeutete einfach, dass etwas aus dem Holz der Hainbuche bestand (mhd. *hagenbuoche*). Dieses Buchenholz ist besonders knorrig, sodass sich allmählich die Bedeutung vom wörtlichen auf den figurativen Sinn »derb, grob« verschob, aus dem sich schließlich die veränderte Wortform »hanebüchen« mit dem modernen Wortsinn entwickelte.

2.

Ulrich Han (Uldaricus Gallus), geboren in Ingolstadt 1425, gestorben in Rom nach 1478, war ein deutscher Buchdrucker in Rom. Er druckte mehr als hundert theologische, juristische, liturgische und amtliche Schriften sowie auch Holzschnitte. Seine Bücher galten als besonders streng und kompromisslos, wofür sich dann das Wort »hanebüchen« einbürgerte.

3.

Die Hanauer Brüder Jacob (1785–1863) und Wilhelm (1786–1859) Grimm gingen als Märchensammler in die Geschichte ein. Für ihre Bücher, die als besonders fantasievoll galten, entstand als lobendes Qualitätsurteil das Wort »hanau-büchen« (»Bücher aus Hanau«), später »hanebüchen«. Erst allmählich entstand die Nebenbedeutung »haarsträubend lügnerisch«, welche die ursprüngliche Bedeutung schließlich verdrängte.

4.

Eine Erster-April-Sitte aus dem bäuerlichen Rheinland: Unter der dicksten Buche der Umgebung wurden Lügengeschichten (»Buchenmären«) erzählt. Wer die unglaublichste Geschichte vortrug, bekam als Siegespreis einen lebenden Hahn überreicht. So entstand das Wort »hahnebuchen«, später »hanebüchen«, für besonders unverschämte Schwindeleien und Aussagen.

C.H.
Hungertuch

Hungertuch

Substantiv, Neutrum

Wer wollte wohl am Hungertuch nagen – außer beim freiwilligen Fastenwandern oder im Zuge der alljährlichen Frühjahrsdiät? Zu anderen Zeiten war das Hungertuch in der Regel nicht mit einer eigenen Entscheidung verbunden.

1.

»Hungertuch« stammt vom mhd. *hungertuoch* ab und meinte das Tuch, mit dem in der Fastenzeit der Altarraum vom übrigen Kirchenraum abgetrennt wurde. Ein solches Tuch hatte (und hat) in der Regel die Ausmaße eines Wandteppichs. Und es musste natürlich genäht werden. Ursprünglich hieß es daher: »am Hungertuch *nähen*«. Dies wurde später zu »nagen« umgedeutet, da das Nahrungsangebot während der Fastenzeit ja äußerst spärlich war.

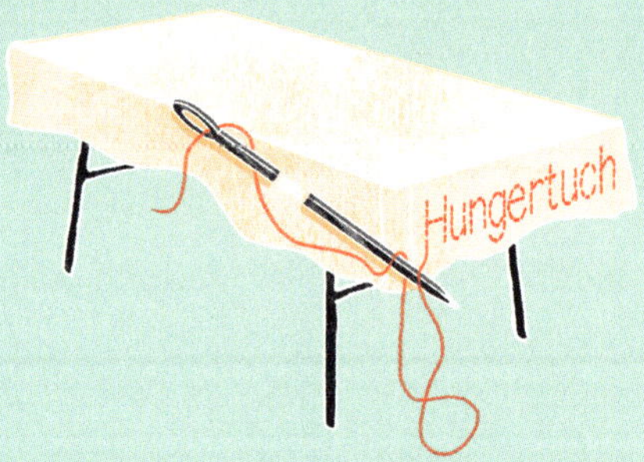

2.

Junge Knappen wurden vor ihrem Ritterschlag besonders knapp gehalten: Zwei Tage und Nächte lang mussten sie in weißen Gewändern bei ihren Waffen wachen, beten und fasten. Auf dem weiß gedeckten Tisch gab es weder Essen noch Getränke, sondern nur erbauliche Literatur und bildliche Darstellungen der ritterlichen Tugenden, zu denen unter anderem Mäßigkeit zählte ... Mit Blick auf das weiße Tuch, das den Tisch verkleidete, sprach man deswegen vom »Hungertuch«.

3.

Als »Hungertuch« bezeichneten die schlesischen Weber, die im Zeitalter der beginnenden Industrialisierung mit ihren handgewebten Stoffen nicht mehr den Lebensunterhalt für ihre Familie verdienen konnten, mit bitterem Humor ihre Webereien. Vgl. auch den Weberaufstand von 1844, den Gerhart Hauptmann in seinem bekannten naturalistischen Theaterstück *Die Weber* verewigt hat.

4.

Das Bündel, in dem die oft mittellosen Handwerksburschen ihre Habseligkeiten, besonders ihre kärglichen Essensvorräte, mit sich führten, wurde seit dem späten Mittelalter ironisch »Hungertuch« genannt. In seiner Bildergeschichte »Der neidische Handwerksbursch« (um 1870) hat Wilhelm Busch den eklatanten sozialen Unterschied zwischen einem armen Gesellen und einem wohlhabenden Dicken dargestellt, der allerdings am Ende von der Gicht (einer typischen Krankheit des Luxuslebens) geplagt wird, während der Handwerksbursche »froh und frei … im duft'gen Wiesenheu« ruht.

Danziger
Krambambuli
1792 bis 1815
40%
N
1l
¡Caramba!
SAHNE
50% FETT

Karambolage

Substantiv, feminin

Ein Zusammenstoß ist in der Regel keine besonders angenehme Sache. Wenigstens nimmt die weiche Lautung von »Karambolage« dem wuchtigen Missgeschick seine akustischen Schrecken. Stand das Wort vielleicht ursprünglich für etwas Erfreulicheres?

1.

Ursprünglich *crambamboulage* – so bezeichneten die französischen Soldaten während der Napoleonischen Kriege, die sie weit ins östliche Europa führten, ihre Trinkgelage mit dem Danziger Wacholderschnaps, dem berüchtigten Krambambuli, unter dessen Einfluss es immer wieder zu heftigen Raufereien und Zusammenstößen kam, die – wie auch die Nachwirkungen des Krambambuli – die Kampfkraft der Soldaten noch tagelang beeinträchtigten.

2.

Der Ausdruck »Karambolage« lautete ursprünglich frz. *caramellage* und stammt aus der Fabrikation von Karamellbonbons. Die *caramellage* ist der genau abzupassende Zeitpunkt, zu dem der geschmolzene und leicht gebräunte Zucker mit Sahne verrührt wird und sich unter Zischen und Knallen mit dieser verbindet (aus lat. *cum mullare*, vgl. *mollis*, »weich«), also der Moment, in dem sich zwei weiche Bestandteile verbinden und hart werden.

3.

»Karambolage« kommt von der spanischen Interjektion *»¡Caramba!«*, die Ende des 18. Jahrhunderts aus dem baskischen San Sebastián über die Pyrenäen nach Frankreich gelangte und dort mit der Endung *-olage* versehen wurde. So wurde ursprünglich ein freudiges Erstaunen über das Zusammentreffen besonders günstiger Umstände mit dem begeisterten Ausruf *»Quel carambolage!«* kundgetan.

4.

Der Ausdruck stammt aus dem französischen Billardspiel, das nur mit drei Kugeln, einer roten und zwei weißen, gespielt wird. Er leitet sich vom frz. *caramboler*, »zusammenstoßen«, und dieses wiederum von der Bezeichnung *carambole* für die rote Billardkugel ab. Als *carambolage* gilt der Moment, in dem ein Spieler mit einer weißen Kugel die beiden anderen Kugeln touchiert. Im erweiterten Sinne bezeichnet *carambolage* jede Art von Zusammenstößen, und in dieser Bedeutung ging das Substantiv im 19. Jahrhundert ins Deutsche über.

Kauderwelsch

Substantiv, Neutrum

Endlich einmal gelangen eine Bezeichnung und ihr Inhalt zur Deckung: Kauderwelsch ist per definitionem nicht zu verstehen, genauso wenig wie zunächst der Ursprung der Bezeichnung. Doch das lässt sich ja ändern.

1.

Das Wort ist über das Altenglische ins Deutsche eingewandert und bezeichnet den auf der walisischen Halbinsel (Gower Peninsula) gesprochenen keltischen Dialekt, das *Gower Welsh*, welches keiner Seele, die nicht damit aufgewachsen ist, verständlich ist und zudem über die längsten Wörter der Sprachgeschichte verfügt, vgl. den Ortsnamen Llanfairpwllgwyngyllgogerychwyrndrobwllllantysiliogogogoch.

2.

Der Begriff »Kauderwelsch« bezieht sich auf den Sprachwissenschaftler Jeremias Kauderwelt (geb. und gest. in Heidelberg, 1845–1911), der als Kapazität auf dem Gebiet der Eingeborenensprachen Neuseelands und Polynesiens galt, zahlreiche wissenschaftliche Abhandlungen zu seinem Spezialgebiet verfasste, zur Freude der Studierenden in seinen Vorlesungen immer wieder Kostproben dieser Sprachen gab und oft tagelang in den überseeischen Idiomen parlierte.

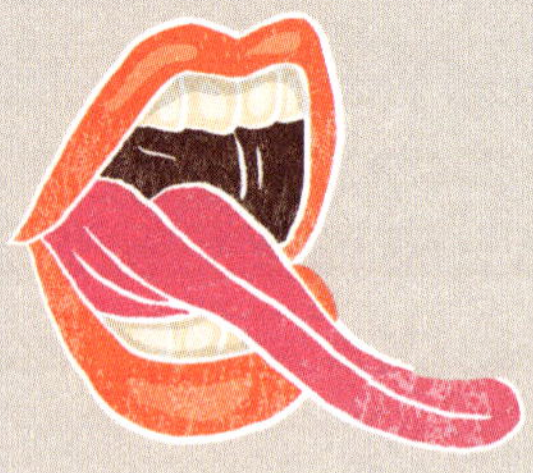

3.

»Kauderwelsch« meinte ursprünglich »Churromanisch« und bezeichnete die schwer verständliche Sprache der Rätoromanen aus dem Rheintal von Chur; der Ortsname Chur lautet im Tirolischen Kauer. Mit dem Adjektiv *welsch* hingegen (von *Volcae*, dem lateinischen Namen für eins der Kelten-Völker) wurden zunächst die keltischen Bewohner westeuropäischer Gebiete charakterisiert, bevor der Begriff auf die gesamte romanische Bevölkerung dort überging. Daraus wurde das Substantiv »Kaurerwelsch« gebildet, welches sich dann zu »Kauderwelsch« entwickelte.

4.

Nach dem christlichen Glauben redeten die Apostel, die zu Pfingsten vom Heiligen Geist erfüllt wurden, »in Zungen«, d. h. in fremden Sprachen und unverständlich für alle Beteiligten. So auch der in Wels in Oberösterreich lebende Mönch Josephus Kauder, der alljährlich zum Pfingstfest angeblich »in Zungen« sprach, zahlreiche Anhänger um sich versammelte und erst am Ende seines Lebens des Betrugs überführt und exkommuniziert wurde.

ABGEL
ABGELEHNT
REJECTED
ABGELEHNT
NICHT BEWILLIGT
ABGELEHNT
EHNT!
NICHT BEWILLIGT

Kladderadatsch

Substantiv, maskulin

Was für ein Kladderadatsch! Wie oft haben wir das schon ausgerufen. Woher dieser Ausdruck für »Chaos, Durcheinander« kam, war in den entsprechenden Situationen eher zweitrangig. Aber woher kommt er denn nun?

1.

»Kladderadatsch« ist ein von napoleonischen Soldaten nach Westeuropa mitgebrachter Ausdruck, den sie auf ihrem hastigen Rückzug aus den verschneiten Weiten des russischen Reiches immer wieder von einheimischen Bauern gehört hatten: »*Chlad radac!*« Mit *chlad* – einem der zahlreichen deutschstämmigen Wörter der russischen Sprache (vgl. auch *Bakenbardy, Buchgalter* etc.) – wurden die Franzosen bezeichnet, die im Gegensatz zu den bärtigen russischen Bauern normalerweise *glatt* rasiert waren. *Radac* bedeutet »Zusammenbruch, Flucht, Misserfolg«. Das so entstandene frz. *claderadage* wurde als »Kladderadatsch« ins Deutsche rückentlehnt.

2.

Der Begriff »Kladderadatsch« war ursprünglich eine lautmalerische Interjektion, die sprachschöpferisch-kreativ das Klirren, Splittern und Krachen beschrieb, das zu hören ist, wenn etwas Zerbrechliches herunterfällt. Im Niederdeutschen rief man: »*Kladatsch!*«, woraus sogar ein eigenes Verb gebildet wurde: *kladatschen*. Bekannt wurde der Ausdruck insbesondere durch das 1848 gegründete politisch-satirische Wochenblatt gleichen Namens.

3.

»Kladderadatsch« war ein französisierender Studentenausdruck, der sich vom Wort »Kladde« für »Entwurf, Ins-Unreine-Schreiben« (was wiederum auf niederd. *kladde*, »Schmutz, Fleck«, basiert) und *ravage* (»Vernichtung, Auslöschung«) ableitete und eine bereits im Stadium des Entwurfs vom Professor abgelehnte Studienarbeit bezeichnete (17. Jahrhundert).

4.

Der ursprüngliche Begriff ist bereits im 15. Jahrhundert im ländlichen Schweden nachzuweisen und bezeichnet eine Mittsommernachtssitte: Aus schwed. *klapp* (»klatschen, klopfen«), *darra* (»erzittern«) und *dans* (»Tanz«) entstand die Bezeichnung *Kladdarradans* für einen Reigentanz, zu dem das junge Volk des Dorfes zusammenkam und dessen Bewegungen sich von leichtem Zittern über Klatschen zu wilden Sprüngen steigerte, bis alle vor Lachen zu Boden und sich in die Arme fielen.

la
re
fa
re

Larifari

Substantiv, Neutrum

»Larifari« sagen wir, wenn wir etwas für unsinnig halten oder finden, dass jemand nachlässig arbeitet – alles nicht besonders schön. Aber die Etymologie, die ist wirklich liebenswert!

1.

Aus lat. *lares facere,* einen Familienstammbaum fälschen, um in der römischen Gesellschaft vorwärtszukommen. Ein zwar verwerfliches, aber übliches Vorgehen zur Zeit der Dekadenz des Römischen Reiches, als nicht mehr *virtus* (»Tugend, Tapferkeit, Verdienst um die *res publica*«), sondern Familie und Beziehungen zählten – eine Tendenz, die häufig mit dem Niedergang des Römischen Reiches in Verbindung gebracht wird. Später erfuhr die Wendung eine Bedeutungserweiterung zu »Geschwätz, Unsinn«.

2.

Der Ausdruck ist zurückzuführen auf einen Typus der *Commedia dell'arte,* des traditionellen italienischen Masken-Theaters im 16. bis 18. Jahrhundert: Dario Larifari lautet der Name der klassischen Figur des schlauen, verlogenen, arbeitsscheuen Dieners, der sich stets gegen seinen dümmlichen Herrn durchsetzt.

3.

Aus ital. *fare larini,* womit das Herstellen kleiner Nudeln aus den Resten des Teigs bei der Fabrikation von Pappardelle gemeint war. Zu einer Zeit ohne Maschinen erforderte die Herstellung von Pappardelle große Sorgfalt und Erfahrung: Der Teig musste genau die richtige Konsistenz haben, auf die exakte Dicke ausgerollt, in Streifen geschnitten und zum Trocknen über Leinen gehängt werden. Die Larini hingegen erforderten keinerlei Sorgfalt: Die Teigreste wurden einfach zwischen den Fingern gerollt und ins heiße Wasser geworfen. Im übertragenen Sinne wurde der Ausdruck dann später allgemein auf unsorgfältig durchgeführte Arbeiten angewandt.

4.

Der fröhliche umgangssprachliche Ausdruck wurde zu Anfang des 18. Jahrhunderts aus den italienischen Notenbezeichnungen *la, re, fa, re* gebildet und verbreitete sich schnell im gesamten deutschen Sprachgebiet. Durch die damals auch hierzulande verwendete Bezeichnung musikalischer Noten mit den Silben *do, re, mi, fa, so, la, ti* (im Deutschen c, d, e, f, g, a, h) war es möglich, sich beim Üben einer Melodie die jeweilige Tonfolge als – wenn auch sinnlosen – Text einzuprägen.

Marotte

Substantiv, feminin

Spleen, Tick, Marotte – eine stark persönlich gefärbte Denk- oder Verhaltensweise, die merkwürdig, schrullig, wunderlich anmutet, die manchmal liebenswert und lustig, oft aber auch recht nervenaufreibend für die Umwelt ist und die sich mit zunehmendem Alter immer stärker ausprägt …

1.

Giovanni di Marotta (1794–1865) verkörperte in besonderem Maße die Tugend der Starrköpfigkeit und des Eigensinns und kann als der neapolitanische Stadtpatron bezeichnet werden. Zahllose Legenden ranken sich um sein schrulliges Verhalten, besonders um die Tatsache, dass er, obwohl durchaus nicht mittellos, im Sommer jeden Tag auf dem Domplatz (Piazzetta Guglia del Duomo) tanzte, sang und aus der Hand las und seine so gewonnenen Einnahmen den Bettlern der Stadt zukommen ließ.

2.

In den nordischen Mythen finden sich viele Hexengestalten und andere böse Wesen. Auf dem Glauben an solche Mächte basiert auch der Ausdruck »Marotte« – er stammt vom schwed. Wort *markatta* (»Meerkatze, Teufelsweib«) ab und transportiert die Idee, dass jemand mit einer besonders ausgeprägten Schrulle vermutlich verhext worden ist.

3.

Der Begriff machte eine abenteuerliche Entwicklung vom Mädchennamen zur Narrenkappe durch: Das frz. Verkleinerungssuffix machte aus »Marie« den Namen »Marotte«, der zu einer Bezeichnung für »Marienbild, Heiligenfigur«, dann für »Puppe, Marionette« und anschließend für ein Narrenzepter (mit obenauf sitzendem Puppenkopf) und die Narrenkappe wurde. Von hier war der Weg zur »närrischen Idee« nicht mehr weit. In dieser Bedeutung wurde der Begriff im 18. Jahrhundert ins Deutsche entlehnt.

4.

»Marotte« leitet sich ursprünglich von frz. *maraud* (»Lump, Vagabund«) ab, aus dem sich auch der Begriff »Marodeur« für einen Soldaten, der als Nachhut der Siegerarmee plündernd durch das besiegte Land zieht, entwickelte. Im 18. Jahrhundert bürgerte es sich im normannischen Dialekt ein, zu eigensinnigen kleinen Mädchen liebevoll *maraude* und dann *marotte* zu sagen, was als Ausdruck für »Eigensinn, verrückte Idee« Eingang ins Hochfranzösische und von dort ins Deutsche fand.

Mumpitz

Substantiv, maskulin

»Mumpitz« – ein schöner, lustig klingender Ausdruck für Gerede ohne vernünftige Grundlage. Wann aber wurde zum ersten Mal unter diesem Namen Mumpitz verzapft?

1.

Das Wort »Mumpitz« ist sprachlich verbunden mit der Kinderkrankheit Mumps, bei der man aufgrund der stark angeschwollenen Ohrspeicheldrüse nur »mummeln«, also »zahnlos kauen« konnte. Zur Entstehungszeit der Redensart (ca. 1750) trat die Krankheit oft auch bei Erwachsenen auf und nahm dann zuweilen einen schweren Verlauf mit der gefürchteten Hirnhautentzündung, die zu Verwirrtheit und Irrereden führte.

2.

Im Berliner Börsenjargon bezeichnete »Mumpitz« seit der zweiten Hälfte des 19. Jahrhunderts ein beunruhigendes, erschreckendes oder lügenhaftes Gerede, das als Auslöser von Aktienschwankungen ja in der Tat entscheidende und potenziell unheilvolle Auswirkungen haben kann. Das Wort entstand vermutlich aus *Mumme* (»verhülltes Schreckgespenst«) und *Butze* (»Kobold«), woraus sich im 17. Jahrhundert etwa *Mummelputz* (»Vogelscheuche, vermummte Schreckgestalt«) sowie hess. *Mombotz* (»Schreckgestalt«) entwickelte, und wurde rasch Bestandteil der Umgangssprache.

3.

Die Redensart stammt aus Brüssel, wo sich zur Karnevalszeit die Verkleideten um das Manneken Pis (das bekannte Brüsseler Wahrzeichen von 1619) versammelten und möglichst fantastische Lügengeschichten erzählten. Der Sieger bekam *»het Mumken Pis«* (*Mumken:* Brüsseler Dialekt für »Fläschchen«), eine Flasche sehr teuren Weißweins, der aufgrund seiner Farbe für jene Flüssigkeit ausgegeben wurde, die das Manneken Pis seit Jahrhunderten produziert.

4.

Nach »Muhme Pütz«, einem Kölner Original aus dem 18. Jahrhundert: eine alte Dame, die in abenteuerlichem Aufputz die Gassen der Domstadt durchstreifte und jedem, der es hören oder nicht hören wollte, von ihren angeblichen erotischen Abenteuern der letzten Nacht erzählte. Der tolerante Kölner ließ sie erzählen, hörte zu, nickte und sagte, wenn sie weitergezogen war, achselzuckend: »Dat is Muhm Pütz.« Woraus dann der Ausdruck »Mumpitz« für ganz sicher unwahres Gerede entstand.

Palaver

Substantiv, Neutrum

Das Wort »Palaver« wird heutzutage eigentlich nur noch in genervtem Ton und deutlich abwertend benutzt. War das eigentlich schon immer so?

1.

Das lat. Wort *parabola* (»Gleichnis, Bericht«, vgl. »Parabel«) gelangte durch portugiesische Händler in Form von *palavra* (»Unterredung«, heute: »Wort«) an die afrikanische Küste und wurde dort für die langwierigen Verhandlungen mit afrikanischen Geschäftspartnern verwendet. Diese übernahmen den Begriff als Bezeichnung für ihre gerichtlichen und kultischen Versammlungen. Heute meint er im deutschen Sprachgebrauch ausgedehntes, sinnloses Gerede, in weiten Teilen Afrikas aber gehört das Palaver zu den guten Umgangsformen.

2.

Aus ursprünglich ital. *barcarola* (»Gondellied«) entstand um die Mitte des 19. Jahrhunderts *barcabarola* (»Gondelgedicht«), welches im venezianischen Dialekt zu *balavarola* wurde. Es handelte sich dabei um ein *sehr* langes Gedicht zu Ehren der Lagunenstadt, das ungefragt mitten auf dem Canal Grande vorgetragen und von den Hochzeitsreisenden in der Gondel als sinnloses Gerede empfunden wurde. Immerhin brachten sie in der verballhornten Form »Palaver« ein neues Wort mit nach Deutschland.

3.

Der Begriff stammt aus der niederen Gerichtsbarkeit im alten Rom, wo unter der lat. Bezeichnung *parabolare vere* (»wahrheitsgemäß sprechen«) ausufernde Gerichtsverhandlungen des Kleinbürgertums stattfanden – ein beliebtes Freizeitvergnügen für eine zahlreiche Zuhörerschaft. Es ging um kleine Spitzbübereien, Betrügereien und Familienstreitigkeiten, wobei die Kontrahenten sich in sprichwörtlich endlosen Litaneien über ihre Fälle ausließen.

4.

Aus schwed. *pall* (»Fußbank, Schemel«) und *babbla* (»plappern«) zu *pallabbla* zusammengezogenes Verb, welches das noch sinnlose, aber häufig ausgedehnte Babbeln von auf – bzw. vor – einem Fußbänkchen sitzenden Kindern bezeichnet. Vgl. das bekannte Gemälde *På juldagsmorgon* (»Weihnachtsmorgen«, 1894) des schwedischen Malers Carl Larsson, auf dem seine jüngste Tochter Brita plappernd und spielend vor einem solchen Bänkchen sitzt. Erst relativ spät (ca. 1910) wurde der Begriff in der Form »Palaver« zum ersten Mal in einem deutschen Text nachgewiesen.

Pappenstiel

Substantiv, maskulin

Die Älteren unter uns werden sich erinnern und haben den Ausdruck vielleicht selbst schon verwendet – mit der entsprechend dramatischen Mimik und Gestik: »Das ist kein Pappenstiel.« Oder: »Das habe ich für einen Pappenstiel bekommen.« Was aber, um alles in der Welt, ist eigentlich ein Pappenstiel?

1.

Im 15. Jahrhundert gehörte der »Pappenstil« zu einer Fastnachtssitte im Böhmerland. Die Narren schlugen sich gegenseitig scherzhaft mit einem leichten Stock aus Pappmaché, der bei dem ersten Schlag aber meist schon abknickte. Im übertragenen Sinn bezeichnete der Begriff daher zunächst unsolide, wenig haltbare Gegenstände, bevor er allgemein für etwas Wertloses verwendet wurde.

2.

Die seit dem 16. Jahrhundert belegte Wendung fand über das Niederdeutsche Eingang in unsere Sprache. Nicht umsonst blieb ihr Ursprung verborgen: Die Priester – niederd. *Papen* – waren zwar Respektspersonen im Dorf, gerade deshalb aber oft Gegenstand von Klatsch und Tratsch. Da sie ehelos leben mussten, sagte man ihnen nach, ihr Penis – niederd. *Steel* – sei besonders klein. Daher der Ausdruck *»Dat is keen Papensteel!«* im Sinne von: »Das ist aber gar nicht klein und mickerig!«

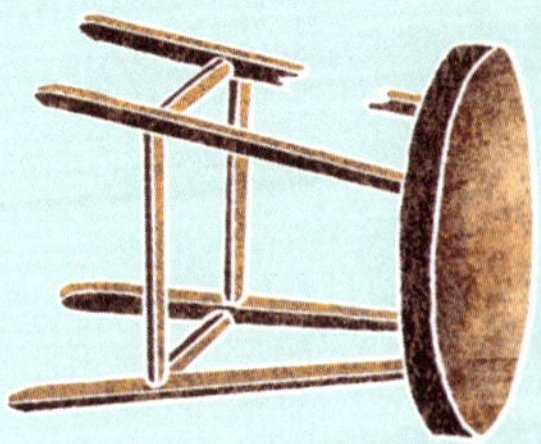

3.

Der Ausdruck (erste Belege im 17. Jahrhundert) wird als Verkürzung von »Pappenblumenstiel« interpretiert. »Pappenblume« leitet sich aus niederd. *Papenblome* (»Pfaffenblume«) her und war die Bezeichnung für Löwenzahn (vgl. nl. *paardenbloem*, was so ähnlich klingt, aber wörtlich »Pferdeblume« heißt). Die Assoziation zum Geringfügigen gründet sich wohl auf die Flüchtigkeit der Samen, nach deren Verwehen nicht mehr viel von der vorher so prächtigen Blütenkrone übrig bleibt …

4.

Der Begriff geht ursprünglich auf den Pappelstuhl zurück; »Stuhl« bzw. *stool* wurde über die mhd. Lautverschiebung zu »Stiel«. Arme Leute schnitzten sich Stühle aus Pappelholz, das als minderwertig galt. Die Stühle wackelten stark, was immer wieder zu Verletzungen führte. Im Gegensatz zu den stabilen Stühlen etwa aus Buchenholz waren die Pappelstühle nichts wert – eben keinen Pappenstiel.

PAPPER
LA
PAPP
????
K

Papperlapapp

Interjektion (auch substantiviert)

Der Ausruf »Papperlapapp«, der dem Gesprächspartner signalisiert, dass er dummes Geschwätz von sich gibt, ist auf dem Weg ins Museum der Sprachgeschichte. Vielleicht hat er auch ein bisschen Ruhe verdient, schließlich ist er seit dem 18. Jahrhundert Bestandteil der deutschen Sprache. Bevor er aber ganz verschwindet, halten wir ihn am Rockschoß fest und schauen uns seinen Ursprung an.

1.

An der Eberhard Karls Universität Tübingen, die im 18. Jahrhundert insbesondere für ihre philosophische Fakultät berühmt war, lehrte vom Wintersemester 1725 bis zu seinem Tod im Sommersemester 1773 der in Fachkreisen sehr geschätzte Professor Pius Papperlapp aus Böhmen. Seine Vorlesungen wurden allerdings von Jahr zu Jahr konfuser und unverständlicher und daher von respektlosen Studenten als »Papperlapapp« bezeichnet.

2.

Der Ausdruck »Papperlapapp« gehört einerseits zu der Wortgruppe um »papp«, die uns aus der Wendung »Ich kann nicht mehr papp sagen« für das Sehr-satt-Sein vertraut ist, andererseits zu den lautmalerischen Verben »pappeln« und »babbeln« (»schwatzen«). Er bezeichnet also ein leeres Geplapper, mit dem man so vollgestopft wird, dass man nicht mehr papp sagen kann.

3.

Der Ausdruck entstand im Rheinland während der sogenannten »Franzosenzeit« als volksetymologische Verballhornung des frz. Ausdrucks *papotage* (»Geschwätz«), mit dem die französischen Soldaten die ihnen unverständlichen Äußerungen der Deutschen belegten. Zusammen mit dem häufig gehörten Artikel *la* bildeten die sprachschöpferischen Rheinländer nun ihrerseits ein Wort für sinnloses Geschwafel.

4.

Pappen bedeutet seit dem 15. Jahrhundert unter anderem »kleben«, und das Wort »Pappe« stammt ursprünglich aus der Buchbinderei: Pappe wurde früher aus einzelnen Papierschichten hergestellt, die von Hand mit dickem Kleisterbrei verklebt, sozusagen »aneinandergepappt« wurden. Wenn ein Lehrling sich bei dieser Arbeit in den klebrigen Bestandteilen verfing, also Unbrauchbares produzierte, wurde das als »Papperlapapp« bezeichnet. Allmählich fand eine Verlagerung der Wortbedeutung auf unbrauchbares Gerede statt.

Pleitegeier

Substantiv, maskulin

Der Pleitegeier, der über dem bankrotten Unternehmen schwebt – eine unheimliche Vorstellung, deren Verwirklichung man niemandem wünschen möchte. Aus dem Tierreich kann der Pleitegeier nicht stammen, so viel ist schon mal klar.

Oder?

1.

»Pleitegeier« hat mit »Geier« zunächst einmal nichts zu tun. Der Ausdruck ist vom jidd. *Pleitegeher* abgeleitet und wurde vom Berliner Volksmund scherzhaft umgedeutet, um den Wappenadler zu bezeichnen, der sich auf dem Siegel des Gerichtsvollziehers befindet (ironisch auch »Kuckuck« genannt). Das Wort »Pleite« geht auf hebr. *peletä* (»Flucht«) und dem daraus entstandenen jidd. *plejte* (»Flucht, Entrinnen«) zurück und transportiert die Vorstellung, dass der Bankrotteur sich vor seinen Gläubigern nur durch Flucht retten konnte.

2.

Der Ausdruck bezieht sich auf eine drakonische Strafmaßnahme, die im Mittelalter ergriffen wurde: Zahlungsunfähige wurden in den Schuldturm geworfen und, wenn niemand ihre Schulden bezahlte, gehängt. Die Geier, die sie dann meistens fraßen, wurden als »Pleitegeier« bezeichnet.

3.

Im Preußen des Soldatenkönigs erhielten alle männlichen Einwohner einen Pass, der es ihnen erlaubte, aus Preußen aus- bzw. dort einzureisen. Die Kontrollen an den Grenzen waren sehr streng, weil Friedrich Wilhelm I. sein Land vor unerwünschten Einwanderern schützen wollte. Doch auch aus Preußen hinaus durfte man nur, wenn man eine weiße Weste hatte. Säumige Schuldner und Pleitiers bekamen den preußischen Adler ganz vorne in den Pass gestempelt, damit sie das Land nicht verlassen und sich so ihren finanziellen Verpflichtungen entziehen konnten. Dieser Stempel wurde im Volksmund »Pleitegeier« genannt.

4.

Der Ausdruck setzt sich aus lat. *palota* (»Zahlungsunfähigkeit«, vgl. auch engl. *pallot)* und lat. *gerere* (»tragen«) zusammen. Es handelte sich also zunächst um die Bezeichnung für jemanden, der seine Insolvenz (er-)tragen musste, die dann im Laufe der Sprachentwicklung volksetymologisch zu »Pleitegeier« umgedeutet wurde.

Querfurt
Erfurt

Querulant

Substantiv, maskulin

Die Grenze zwischen Querulantentum und dem legitimen Einsatz für die eigenen Rechte ist fließend. Das zeigte sich schon im Fall von Michael Kohlhaas, einem Querulanten – oder aufrechten Kämpfer? –, der dank Heinrich von Kleist sogar in die Literatur eingegangen ist.

1.

Im Mittelalter durften Bittsteller in der Regel einmal im Monat dem König persönlich ihre Klagen vortragen. Im Gegensatz zu hohen Würdenträgern betraten sie den Thronsaal nicht durch den Haupteingang, sondern durch eine kleine Seitentür, sodass sie zunächst quer durch den Raum (daher: »*Quer*ulanten«) und dann erst, in einer großen Kurve, zum Thron gingen. Meist waren sie bereits durch diesen Weg und den atemberaubenden Reichtum so eingeschüchtert, dass sie ihr Anliegen nur noch in abgeschwächter Form oder überhaupt nicht mehr vortrugen.

2.

In der nordgermanischen Mythologie war Ruland der Gott des Widerspruchs und des Kampfes um kleine Vorrechte. Als Baum mit besonders hartem Holz war ihm die Eiche – altgerm. *kver*, vgl. daraus lat. *quercus* – geweiht. So entstand der Begriff »*Kver*-Ruland« für den »eichenharten Ruland«, der stets für seine Rechte kämpfte. Als die christlichen Missionare zu Werke gingen, wurde er zu dem harmlosen »bucklig Männlein« des Kinderliedes degradiert, das ständig querschießt, alles kaputt macht und am Ende sogar noch um ein (natürlich christliches) Gebet bittet.

3.

Die Händler aus Querfurt bei Halle galten bis ins 19. Jahrhundert als besonders starrköpfig und waren als Geschäftspartner berüchtigt, weil sie oft noch im Nachhinein versuchten, die nur mündlich und per Handschlag festgelegten Vereinbarungen zu ändern. Für sie bürgerte sich der Ausdruck »Querulanten« ein – sehr zum Ärger der Erfurter Kaufleute, die aufgrund der Namensähnlichkeit häufig mit den Querfurter Händlern verwechselt wurden und ständig auf unberechtigtes Misstrauen stießen.

4.

Geklagt haben schon die alten Römer. *Querulare* (»vor Gericht klagen, sich beklagen«) hieß das Verb dazu, das ja schon akustisch sehr an »quengeln« erinnert, welches diesen Ursprung aber nicht für sich geltend machen kann. *Querulare* hingegen bildete das Partizip Präsens *querulans,* »klagend«, das im Neulateinischen substantiviert wurde und so eigentlich »Klagender« bedeutete. Daraus wurde – mit negativer Konnotation – der »Querulant«.

GIRLS
GIRLS
GIRLS

Rabauke

Substantiv, maskulin

Was ein Rabauke ist, wissen wir alle. Je nach Temperament haben wir uns selbst vielleicht schon mal wie einer benommen. Aber woher kommt dieses Wort, das bereits nach Randale und Krawall klingt?

1.

Ursprünglich waren die Rabauken Angehörige der von Jeremias Ràbock im Zuge der Freikörperkultur der 1920er-Jahre in Berlin gegründeten Gemeinschaft der »Lichtkinder«, die sich auf den FKK-Geländen, wo es an sich stets sehr friedlich zuging, so rüpelhaft benahmen, dass die Vereinigung verboten wurde und nur noch die Bezeichnung »Rabauken« überlebte.

2.

Der zu frz. *débauche* (»Ausschweifung«) und *rabattre* (»wiederholt schlagen«) gebildete Ausdruck *rabauchant* bezeichnete im 18. Jahrhundert gewisse Patienten der teuren Bädersanatorien, etwa in Deauville oder Biarritz, reiche Müßiggänger, die unter dem Vorwand, diverse Krankheiten zu kurieren, ihre Zeit fast ausschließlich mit Raufereien und Bordellbesuchen verbrachten. In der Form »Rabauke« fand die Bezeichnung Eingang in die deutsche Sprache.

3.

Das deutsche Wort (erste Belege um 1900) leitet sich von den niederländischen Rabauken ab: Niederl. *rabauw* bzw. *rabaut* bedeutete »Strolch, Schurke«. Dieses Substantiv wiederum stammt von den französischen Rabauken (afrz. *ribaut*) ab und wurde aus dem afrz. Verb *riber,* »sich wüst benehmen«, gebildet, das seinerseits zurück zum deutschen Sprachraum führt, und zwar zum mhd. Verb *riben,* »brünstig sein, sich begatten« (eigentlich: »reiben«). Was insgesamt auf keine sehr romantische Einstellung der Sexualität gegenüber schließen lässt …

4.

»Rabauke« leitet sich vom im 17. Jahrhundert lautmalerisch aus »rasseln, rappeln, pauken« gebildeten Verb *rapauken* (»lärmen, grölen«) her. Gegen Ende des 18. Jahrhunderts machte in Göttingen eine schlagende Studentenverbindung von sich reden, das Rapan-Corps, deren Mitglieder – scherzhaft »Rapauken« genannt – alkoholisiert und grölend durch die Straßen der beschaulichen Stadt zogen, die Gesichter von Narben verunstaltet, die sie sich auf dem Fechtboden (Paukboden) zugezogen hatten.

FASTEN
cerretano
ciarlare
ciarlatano
charlatan
Enthaltsamkeit

Scharlatan

Substantiv, maskulin

Scharlatane gibt es, seit Menschen erkranken. Und je weniger echte Heilmittel es gibt, desto lukrativer ist der Markt für Ärzte von eigenen Gnaden …

1.

Dottor Luigi Scarlatto lebte bis zur Mitte des 19. Jahrhunderts hochgeachtet in Palermo. Dann aber führten seine Verbindungen zur Cosa Nostra dazu, dass Gegner der lokalen Mafiabosse seine Behandlungen meist nicht überlebten. Allmählich sprach sich das herum, und der Volksmund prägte mithilfe des ital. Augmentativs *-one* den Spitznamen *Scarlattone* (etwa: »der furchtbare Scarlatto«). Dies verselbstständigte sich bald zur Bezeichnung *uno scarlattone* – für einen Arzt, dessen Behandlung man lieber meiden sollte –, die um 1900 in der Form »Scharlatan« ins Deutsche übernommen wurde.

2.

Der Ausdruck ist ab der Mitte des 17. Jahrhunderts im deutschen Sprachraum nachgewiesen. Die durch den Dreißigjährigen Krieg geschwächte Bevölkerung war Infektionskrankheiten hilflos ausgeliefert, besonders dem gefürchteten Scharlach, der zwischen 1650 und 1670 zahlreiche Opfer forderte. Ein Scharlatan war ein herumziehender angeblicher Heilkundiger, der ein – natürlich sehr teures – Gebräu aus undefinierbaren Zutaten feilbot, das angeblich die Ansteckung verhütete.

3.

Der Begriff entstand aus dem Namen eines französischen Mönchs und Arztes namens Charles Latan aus Limoges, der es sich zur Aufgabe gemacht hatte, die ab dem 16. Jahrhundert wütende »Franzosenkrankheit«, also die Syphilis, mittels Beten, Fasten und Enthaltsamkeit zu heilen. Seine Bemühungen scheiterten – nicht nur daran, dass insbesondere die dritte Maßnahme zu spät erfolgte.

4.

Die Einwohner von Cerreto di Spoleto in Umbrien, die *cerretani*, galten bereits im Mittelalter als schlitzohrige Straßenhändler, die mit dem Verkauf angeblicher Heilmittel und -methoden Geld ergaunerten. Durch die Verbindung von *cerretano* mit dem Verb *ciarlare* (»schwatzen«) entstand das Wort *ciarlatano*, welches als *charlatan* ins Französische überging. Im Deutschen ist der Begriff »Scharlatan« seit dem 18. Jahrhundert nachgewiesen.

F
Frontrapport

Schema F

Substantiv, Neutrum

»Das macht der nur nach Schema F«, sagt man, wenn man meint, dass jemand rein nach Vorschrift und ohne nachzudenken vorgeht. Aber was ist dieses berüchtigte Schema F? Und wie ist der Ausdruck entstanden?

1.

An der städtischen Gelehrtenschule zu Cassel (Lyceum Fridericianum) wurde um die Mitte des 16. Jahrhunderts das Notensystem von Eins bis Sechs eingeführt, das die umständlichen individuell formulierten Beurteilungen der Schülerleistungen ablöste und unter dem Namen »Schema F« – von »Fridericianum« – in wenigen Jahrzehnten die gesamte deutsche Schullandschaft eroberte.

2.

Ab der Mitte des 19. Jahrhunderts mussten beim preußischen Militär sogenannte »Frontrapporte« ausgefüllt werden. Dies waren schematisierte Formulare, in denen für jeden Truppenteil genau aufgeschlüsselt werden musste, wie viele Soldaten, Offiziere, Unteroffiziere für einen etwaigen Kriegsfall zur Verfügung standen – und wer aus welchen Gründen nicht einsetzbar war, wie viele der Soldaten also beurlaubt, krank im Lazarett, krank im Revier, arretiert, fahnenflüchtig etc. waren. Für alle Kategorien gab es unterschiedliche Rubriken, die sorgsam und »nach Schema F« ausgefüllt werden mussten.

3.

Der Ausdruck stammt von dem russ. Wort *tschemew* (»Waage«). Es bezeichnet das äußerst strenge und mitleidlose System, mit dem bis zur Russischen Revolution die Abgaben der Leibeigenen gewogen und beurteilt wurden, ohne Rücksicht auf etwaige Beeinträchtigungen wie Krankheit, Missernten, Trockenheit und Ähnliches. Gegen Ende des 18. Jahrhunderts erfuhr es eine Bedeutungserweiterung und bezieht sich seitdem auf jede Art von rein schematischem Vorgehen ungeachtet aller individueller Gegebenheiten.

4.

Im lebensfrohen Wien der Belle Époque erlangte eine Tänzerin namens Fanny Giardini eine gewisse Berühmtheit, weil sie angeblich ihre zahlreichen Liebhaber anhand eines persönlichen Punktesystems nach Reichtum, Status und erotischer Kunstfertigkeit klassifizierte. Von diesem »Schema F« – so wurde erzählt – hing es ab, ob und wie lange man(n) sich Fannys Gunst erfreuen durfte. Vgl. auch die gleichnamige Novelle von Arthur Schnitzler (Wien, 1913).

Schlafittchen

Substantiv, Neutrum

Jemanden am Schlafittchen packen – was das heißt, ist klar. Doch was ist eigentlich ein Schlafittchen? Das entzückende Eiswesen gleichen Namens mit der verhängnisvollen Sehnsucht nach Wiese, Sonne und Alpenrosen, das sich in den Zwanzigerjahren des letzten Jahrhunderts der Märchendichter Manfred Kyber ausgedacht hat, kann nicht gemeint sein. Aber was dann?

1.

Es handelt sich um einen Ausdruck aus dem preußischen Heeresjargon: Pflichtverletzungen im Dienst, darunter auch unehrenhaftes, feiges Verhalten, wurden als »Wittchen« bezeichnet. Vgl. das Farbadjektiv »weiß«, das schon bei Shakespeare als Synonym für »feige« galt (so sagt Lady Macbeth: *»I shame to wear a heart so white!«*). Junge Rekruten, die während des Wachehaltens einschliefen, wurden von ihren Vorgesetzten beim »Schlaf-Wittchen« erwischt und entsprechend bestraft.

2.

Das altgerm. Wort *slarwitt* ist aus *slar* (»groß, reichhaltig«) und *wittum* (»Brautgabe«) zusammengesetzt und bezeichnete ursprünglich eine besonders üppige Mitgift. In Ostpreußen, wo gern Verkleinerungsformen gebildet wurden, entstand die Nebenform *Slarwittchen* und daraus »Schlafittchen«. Wer die reiche Braut »am Schlafittchen packte«, hatte sein Glück gemacht.

3.

Ursprünglich lautete das Wort »Schlawittchen« – vgl. »Schlawiner« als Wortbildung zu »Slowene«. Im kaiserlichen Österreich galten die Slowenen (auch: Slawonier) als besonders gerissene Geschäftemacher. Ihre Gaunereien wurden österreichisch-gemütlich, aber dennoch mit einer gewissen Gereiztheit als »Schlawittchen« bezeichnet. Es galt, sie am »Schlawittchen zu packen«, also unlauterer Geschäftspraktiken zu überführen und diese ans Licht zu bringen. Daraus entstand »am Schlafittchen packen« für »festnehmen, dingfest machen«.

4.

Der Ausdruck bildete sich aus dem niederd. Schlagfittich, der Schwungfeder des Gänseflügels (18. Jahrhundert). Insbesondere beim Gänsefang musste man sich vor den kräftigen Flügelschlägen der Tiere hüten und sich daher bemühen, die Gans direkt bei den Flügeln, den »Schlagfittichen«, zu packen, dann gab es für das arme Tier kein Entrinnen mehr. Übertragen wurde diese Idee dann auf den Rockschoß, den Hemd- oder Jackenkragen, an dem man jemanden festhält, um ihn am Weglaufen zu hindern und zur Rechenschaft zu ziehen.

massel
Slam
DOMI
NVS
ILLV
MINA
TIO
MEA

Schlamassel

Substantiv, maskulin oder Neutrum

Im Schlamassel – also in einer schwierigen, verfahrenen Situation – möchte niemand stecken, sitzen oder sich sonst wie aufhalten. Mit »Schlamm« hat der Ausdruck ja wohl nichts zu tun – oder doch?

1.

Die Wortbildung aus schwed. *slam* (»Schlamm«) und *massa* (»Rübenschnitzel«) stammt aus der Sirup-Produktion. Die Zuckerrüben wurden in riesigen Fässern mit den Füßen gestampft. Manchmal war der Rübenbrei so zäh, dass man aus eigener Kraft nicht mehr herauskam – man steckte buchstäblich im *slam-massel* fest. Von Schweden aus verbreitete sich der Ausdruck in der übertragenen Bedeutung zunächst im ländlichen Norddeutschland und dann im gesamten deutschen Sprachgebiet.

2.

Wer sich darüber beklagt, dass er im Schlamassel steckt, handelt gewissermaßen mit sprachlicher Hehlerware. Der Begriff wurde nämlich aus der Gaunersprache, dem seit dem späten Mittelalter gesprochenen Rotwelsch, in die deutsche Umgangssprache entlehnt. Geklaut wurde er aus dem Jiddischen: aus jidd. *massel*, »(Glücks-)Stern, Schicksal«, welches wiederum vom gleichbedeutenden hebr. *mazzal* abstammt und in Verbindung mit dem deutschen Wort »schlimm« zunächst zu jidd. *schlimassel* wurde.

3.

Ein unter dem Namen *Slam Hazel* im 19. Jahrhundert in den Kreisen der aristokratischen Studenten von Oxford und Cambridge sehr beliebtes Spiel ist Ursprung des »Schlamassels«: Hazel war eine menschenähnliche Holzfigur, die auf einer Unterlage befestigt war und mit Kricketschlägern in Schwingungen versetzt werden musste. Punkte wurden vergeben, wenn ein bestimmter Neigungswinkel erreicht war und Hazel umkippte. So verbreitete sich zunächst im studentischen Slang, dann auch im Rest des Landes die Wendung: *to be in a slam hazel situation* bzw. *to be in a slam hazel*, wenn man, wie Hazel, vom Schicksal einen Schlag nach dem anderen abbekam.

4.

Der Ausdruck geht zurück auf eine von europäischen Kreuzrittern mitgebrachte Wendung aus Palästina, die ursprünglich arab. *salam azul* lautete. *Azul* (»blau«) galt als Farbe des Unheils, weshalb die Sarazenen sowohl bei größeren Katastrophen als auch bei kleineren Missgeschicken ein resignierendes »*Salam azul!*« murmelten. So bildete sich die Angleichung »Schlamassel« für Unglücksfälle jeglicher Art.

Graf Rotter

Schwerenöter

Substantiv, maskulin

Die Anständigen unter uns finden es ungerecht: Der charakterlich defizitäre, aber von perfider Attraktivität geprägte Schwerenöter tanzt unbeschwert durchs Leben und bekommt die tollsten Frauen. Was aber hat schwere Not mit dieser Charakterstruktur zu tun?

1.

»Schwerenöter« wurde im 18. Jahrhundert ein Mann genannt, der ein Mädchen verführte und es dann, wenn es in gesegneten Umständen war, nicht heiratete, wodurch die junge Frau, besonders zur damaligen Zeit, aber auch später noch, in »schwere Not« geriet. Daher wurden Mädchen stets vor »Schwerenötern« gewarnt.

2.

Was Epilepsie war und wie sie entstand, das konnte man sich über viele Jahrhunderte hinweg nicht erklären, weshalb man der Einfachheit halber annahm, es handle sich um eine Behexung. Das Frühneuhochdeutsche prägte für dieses Krankheitsbild den Ausdruck »Schwerenot«, der später auch als Verwünschung verwendet wurde. Dazu bildete sich im 18. Jahrhundert die Bezeichnung »Schwerenöter« für »verfluchter Kerl«, die im 19. Jahrhundert allmählich die Bedeutung annahm, die wir noch heute kennen.

3.

Bei Schwerin lebte um 1500 der berüchtigte Graf Notker, der aufgrund seines Reichtums und attraktiven Aussehens, das auf zahlreichen Gemälden verewigt ist, die im Schweriner Schloss hängen, der Ahnherr aller Casanovas wurde. Damit anständige Träger des Namens »Notker« nicht mit ihm verwechselt wurden, bekam er den Beinamen »Schweriner Notker«, der sich im Laufe der Zeit durch Sprachverschleifung zu »Schweri-Notker« und dann zu »Schwerenöter« als Bezeichnung für einen Weiberhelden und »tollen Kerl« entwickelte.

4.

Der Begriff geht auf römische Zeiten zurück: Im zweiten Teil des Wortes »Schwerenöter« verbirgt sich das lat. Wort *nothus* für »Bastard, uneheliches Kind«. Der erste Teil lautete früher *suburanus* und meinte einen aus Subura gebürtigen Menschen. Dieser Teil von Rom war als Rotlichtbezirk und Armengegend bekannt, als Viertel, in dem besonders viele uneheliche Kinder gezeugt wurden. Der Begriff *Subura nothus* (»Bastard aus Subura«) verschmolz mit der Zeit und ging vom Kind auf den Erzeuger über, wodurch die Bezeichnung »Schwerenöter« entstand.

R.I.P
Thut Buße und bekehret Euch, daß Eure Sünden getilget werden.
stante
stare stans stantis

Standpauke

Substantiv, feminin

Eine Standpauke haben wir alle schon bekommen – oder selbst gehalten. Vielleicht fand dies im Stehen statt, aber sicherlich war keine Pauke im Spiel. War das eigentlich schon immer so?

1.

Unter dem Einfluss von germanischen Söldnern im römischen Heer verschmolz das lat. Wort *poena* (»Strafe«) mit germ. *bochen, puchen* zu *pocha* für »Strafe«. Unter Solon dem Versöhner wurden im römischen Heer vergleichsweise milde Sanktionen eingeführt. Eine Strafe für kleinere Vergehen bestand darin, vor der ganzen Kohorte stehend (lat. *stare*, Partizip Präsens: *stans, stantis*) die eigenen Vergehen aufzuzählen und sich von den Kameraden mit Schimpfnamen belegen zu lassen. Aus *stante pocha* wurde schließlich »Standpauke«.

2.

Die Standpauke ist ein leicht zu spielendes, aber anstrengend zu transportierendes Instrument. Es bei Umzügen der Militärkapelle stundenlang zu schleppen und dabei auch noch darauf zu achten, es an der richtigen Stelle zu schlagen, war sehr unbeliebt und diente deswegen beim Militär des 18. Jahrhunderts als Strafmaßnahme. So entstand der Ausdruck »eine Standpauke (er-)halten«, der allmählich die Bedeutung »eine Strafpredigt bekommen« annahm.

3.

Das Wort ist eine mittelalterliche Bildung aus lat. *stansa* (»Verse, Strophen«) und *peccatum* (»Sünde, Verfehlung«). Klosterschüler, die sich einer Verfehlung schuldig gemacht hatten, mussten zur Strafe eine vorgeschriebene Anzahl an Bibelsprüchen rezitieren, die sich alle mit göttlichen Vergeltungsmaßnahmen beschäftigten. Volksetymologisch wurde *stansa peccatum* im 15. Jahrhundert zu »Standpauke« umgedeutet; die Wortbedeutung verlagerte sich auf eine Strafpredigt, die man von jemand anderem erhält.

4.

Der studentensprachliche Begriff geht auf die »Stand*rede*« im 18. Jahrhundert zurück und bezeichnete ursprünglich eine im Stehen angehörte Grabrede. Diese wurde von Studenten mit makabrem Humor im 19. Jahrhundert zu einer »kräftigen Strafpredigt« umgedeutet und dann auch sprachlich zur »Standpauke« verstärkt – »pauken« bedeutete »schlagen«, war in der damaligen Studentensprache aber auch ein Ausdruck für »reden«.

Tohuwabohu

Substantiv, Neutrum

Dumpf und bedrohlich klingt der Ausdruck für völliges Durcheinander. Woher aber stammt er ursprünglich?

1.

Das Durcheinander ist biblischen Ursprungs: Der hebräische Urtext der Bibel beginnt mit der *Genesis*, mit der Erschaffung von Himmel und Erde, auf der zu Anfang *tohû wa vohû* herrschte (1. Buch Mose, Vers 2) – nämlich schlicht *nichts* war. »Und die Erde war wüst und leer«, übersetzte Luther, wobei er die wiederholende Klangfigur des Urtextes leider nicht mit übertrug. Ein paar Tage später wurde der Mensch erschaffen – was letztlich zu dem Chaos führte, für das der Begriff »Tohuwabohu« heute steht.

2.

Aus den britischen Kolonien wurden nicht nur Rohstoffe und Lebensmittel ins Mutterland importiert, sondern auch Ausdrücke der Landessprachen. So auch *Tohu wa Bohu*. Kenianische Kinderfrauen erzählten ihren englischen Schutzbefohlenen immer wieder die Geschichte von Tohu und Bohu, zwei bösen Buben, die alle möglichen Streiche verübten und ein großes Durcheinander anrichteten – gewissermaßen eine afrikanische Version von Max und Moritz.

3.

Der Ausdruck »Tohuwabohu« stammt aus dem finnisch-ugrischen Sprachkreis und lautet in der finnischen Urversion: *»Tohveli vai vohveli?«* (wörtlich: »Pantoffel oder Waffel?«), im Küstendialekt um Helsinki zu *»Tohvu va vohvu?«* abgekürzt. Angesichts der in den finnischen Sommerhütten oft herrschenden chaotischen Zustände war dies die Aufforderung der Hausfrau ihrer Lieben, sich doch bitte zu entscheiden, ob nun Waffeln oder Pantoffeln auf den Tisch gehören sollten. Vgl. den empört-kopfschüttelnden deutschen Ausruf: »Kamm neben der Butter!«, der ebenfalls ein komplettes Durcheinander anprangert.

4.

Der Twowaboo war ein wilder amerikanischer Tanz der 1920er-Jahre, etwa dem Charleston vergleichbar. Der Name war aus mehreren Bestandteilen gebildet worden: aus *two* (»zwei«), der ersten Silbe von *wabble* (»wackeln«) und der ersten Silbe von *bootie* (»Hintern«). Man stand sich zu zweit gegenüber, wackelte im Takt der Musik mit dem Hintern und intonierte immer wieder *»Twowaboo!«*, bis alles in einem einzigen Durcheinander endete, was dann zu der Ableitung »Tohuwabohu« führte.

Tollpatsch

Substantiv, maskulin

Es gibt diesen Typus, seit der erste Steinzeitjäger auf einen dürren Zweig trat und das Wild verscheuchte. Ihn, der Omas beste Kristallschale vom Buffet stößt, versehentlich sorgsam gehütete Geheimnisse ausplaudert und – uups! – das Handy ins Klo fallen lässt. Der gewissermaßen wie toll herumpatscht. Den »Toll-patsch« eben. Sprachlich vollkommen logisch. Oder?

1.

Aus der englischen Aristokratie zunächst in den Sprachgebrauch des deutschen Hochadels eingewanderte euphemistische Bezeichnung für einen Kontrollverlust nach exzessivem Alkoholgenuss: »*I have a dull patch*« (wörtlich: »Ich habe einen dummen Fleck im Gehirn«). Über Bedienstete fand der eingedeutschte Ausdruck als »Tollpatsch« um 1700 Eingang in die Volkssprache und bezeichnete bald nicht nur den Zustand, sondern generell einen ungeschickten, tölpelhaften Menschen.

2.

Es handelt sich um eine seit dem Mittelalter nachweisbare Bezeichnung für einen Menschen nach dem Verzehr von Tollkirschen, die Verwirrtheit und Koordinationsstörungen hervorrufen (vgl. auch mhd. *baadsch* für »Rausch, Wahn«). Im Laufe des 16. Jahrhunderts wurde der Ausdruck erweitert auf Menschen, die auch ohne Tollkirschengift solche Verhaltensweisen zeigten.

3.

Seit Ende des 17. Jahrhunderts ist im deutschen Schrifttum der Begriff »Tolbatz« als Spitzname für die ungarischen Infanteristen nachzuweisen, die anscheinend als besonders ungeschickt galten: Zu ung. *talp* (»Sohle, Fuß«) existiert das Adjektiv *talpas* für »breitfüßig«; die davon abgeleitete scherzhafte Substantivierung bedeutet »Fußsoldat«, aber auch »Bär«. Mit breiten Füßen wirkt man leicht tollpatschig wie ein Bär.

4.

Der Begriff stellt eine Entlehnung aus dem Altschwedischen dar: *Trollbaas* bezeichnet in der altnordischen Mythologie eine von Trollen entführte Person, die nach ihrer Rückkehr in die Menschenwelt für eine Weile orientierungslos umherirrt und an ihrem typisch »tollpatschigen« Verhalten zu erkennen ist.

verbulis orn
Lübecke
Gerichtsprotokolle
Code Napoléon

verballhornen

Verb

Ein Wort verballhornen – das ist natürlich im Grunde der Gegenstand dieses Buches. Woher aber stammt der Ausdruck selbst?

1.

Nach dem altnordischen Versepos *Edda* war das Baalhorn ein dreiköpfiges, gehörntes Ungeheuer, das in der Gegend des heutigen Basel (altisländ. *Baal*) lebte und dessen giftiger Atem dazu führte, dass der Angehauchte alle Wörter falsch aussprach, also sozusagen »verbaalhornte«. (Möglicherweise ist dies ein Hinweis auf die Sprachverwirrung zur Zeit der Völkerwanderung im 13. Jahrhundert, während der das Epos entstand.) Das Baalhorn wurde vom Helden Sigurd erschlagen (vgl. Siegfried und der Drache im *Nibelungenlied*, das sich aus der *Edda* entwickelt hat).

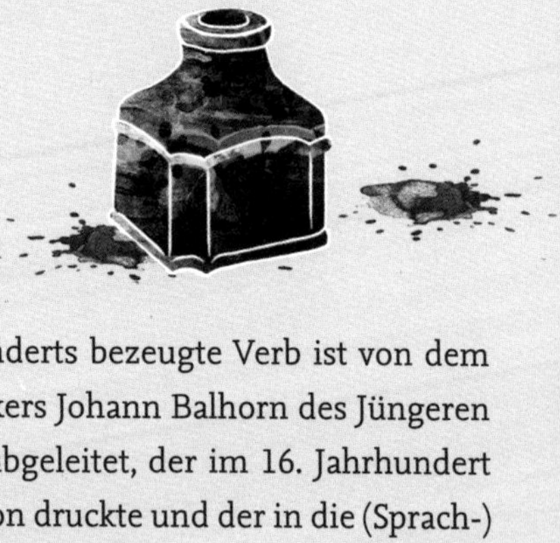

2.

Das seit Beginn des 19. Jahrhunderts bezeugte Verb ist von dem Namen des Lübecker Buchdruckers Johann Balhorn des Jüngeren (geb. um 1550, gest. um 1603) abgeleitet, der im 16. Jahrhundert zahlreiche Werke der Reformation druckte und der in die (Sprach-) Geschichte einging, weil er eine fehlerhaft korrigierte Ausgabe des lübischen (Lübecker) Rechts herausbrachte.

3.

Das Wort geht zurück auf lat. *verbulis ornatus* (wörtlich: »durch Wörterlein geschmückt«). Der Ausdruck bezeichnete durch überflüssigen verbalen Zierrat ausgeschmückte, kitschige und geschwätzige Textpassagen. Er gelangte als Verb *verbalornen* durch die Studentensprache des 18. Jahrhunderts in seiner heutigen Form und Bedeutung ins Deutsche.

4.

Das Wort »verballhornen« ist seinerseits eine Verballhornung, in diesem Fall eine volksetymologische Angleichung an das frz. *verbalisationner*, »ein Gerichtsprotokoll verfassen«. Die Mitschriften der erst 1804 durch den *Code Napoléon* eingeführten öffentlichen Gerichtsverhandlungen (die die zuvor üblichen inquisitorisch-geheimen Tribunale ablösten) waren für die deutschen Rechtsgelehrten oft nicht nachvollziehbar, da sie auf Französisch verfasst waren. Der Begriff »verballhornen«, zunächst für »unverständlich ausdrücken«, entstand aus ihrem Bemühen, die kryptischen Wendungen mit eigenen Worten zu formulieren.

HOHNEBIBELN

verhohnepipeln

Verb

»Du willst mich wohl verhohnepipeln?!«, wird empört nachgefragt, wenn man den Eindruck hat, der Gesprächspartner wolle einen verspotten, auf den Arm nehmen … eben verhöhnen. Eine klare Etymologie. Oder?

1.

Das Verb ist eine Präfixbildung aus mhd. *honepipen* für das Täuschen von Menschen, indem man eine andere Identität annahm, um ihnen zu schaden. Dabei handelte es sich um eine Zusammensetzung aus afrz. *honir* (»Schande über jemanden bringen«, vgl. das Motto des Hosenbandordens *»Honi soit qui mal y pense«*) und afrz. *piper* (»mit der Lockpfeife Vögel jagen«). In der weiteren Sprachentwicklung erfuhr das Wort eine Bedeutungserweiterung zu generellem »Täuschen« bzw. »durch Täuschung der allgemeinen Lächerlichkeit preisgeben«.

2.

Nach Sigismund Honepiper, einem Journalisten und Theaterkritiker der 1920er-Jahre, der für seine sarkastischen Artikel und Rezensionen berüchtigt war, die an den Dargestellten kein gutes Haar ließen. Verewigt wurde Honepiper in dem von den Comedian Harmonists intonierten Schlager: »Ach Honepip, ach Honepip, ach hab mich doch ein bisschen lieb!« (Berlin, 1929)

3.

»Verhohnepipeln« ist eine volksetymologische Angleichung: Der Ausdruck entstammt dem obersächs. *hohlhippeln,* was »verspotten, schmähen« bedeutete und wiederum auf mhd. *holhipen* (»schelten, schmähen«) zurückging. *Holhipe* war im Mittelhochdeutschen die Bezeichnung für ein dünnes Gebäck oder eine Waffel. Vermutlich bedeutete das Verb *holhipen* ursprünglich »(lautstarkes) Anpreisen von Hohlwaffeln«, wobei sich Verkäufer und Kunden möglicherweise gegenseitig verspotteten.

4.

Das Wort basiert auf dem zunächst nur im kirchlichen Bereich üblichen Ausdruck *hohnebibeln* für »die (biblische) Wahrheit verspotten«, der zusammen mit der verstärkenden Vorsilbe »ver-« in den deutschen Sprachschatz einging. Das Verb bezog sich auf eine im 13. und 14. Jahrhundert im Umlauf befindliche Bibelversion, die außer dem üblichen Inhalt auch Heiligenlegenden, Apokryphen etc. enthielt und von der Römischen Kurie erbittert bekämpft wurde. Die wenigen erhaltenen Exemplare wurden 1396 in Worms auf dem Scheiterhaufen verbrannt.

Wischiwaschi

Substantiv, Neutrum

Wischiwaschi reden. Nebulöses Zeug von sich geben, dessen Inhalt gegen null konvergiert. Nichts zu sagen haben, auch wenn man dies vielleicht, so Oscar Wilde in seinem Roman *The Picture of Dorian Gray,* »ganz entzückend« ausdrückt ... Aussagen, die man wie eine Artischocke entblättern kann, um zuletzt – nichts zu finden. Aber jetzt mal Klartext und ohne Wischiwaschi: Woher kommt der Begriff?

1.

Im 19. Jahrhundert, zur Zeit der Damenhüte mit Gesichtsschleier, stellte eine Weberei in der französischen Stadt Vichy von außen undurchsichtige Hutschleier her, die es den Trägerinnen ermöglichten, unerkannt etwaigen geheim-skandalösen Beschäftigungen nachzugehen, und die unter dem Namen *Fichu de Vichy* in ganz Europa vertrieben wurden. Daraus wurde allmählich die Bezeichnung für undurchsichtiges, wirres Gerede.

2.

Die Wendung wurde in Anlehnung an »Gewäsch« nach dem verdoppelnden Muster von »Mischmasch«, »Wirrwarr« gebildet. Grundwort ist *Gewäsch(e)* (»das Waschen«) aus dem 15. Jahrhundert. Die Assoziation »dummes Geschwätz« entstand, weil die Frauen, die gemeinsam im Brunnen oder Fluss Wäsche wuschen, angeblich hauptsächlich dummes Zeug schwatzten. Vgl. auch das engl. *wish-wash* für »wässriges Getränk« oder »oberflächliches Gerede« und das Adjektiv *wishy-washy* (»unklar, lasch, labberig, charakterschwach«) als Reduplikation von *washy*, »dünn, wässrig«.

3.

Die Wendung stammt aus einer unter dem Titel *Wischi-Waschi, Waschi-Wischi* 1894 erschienenen und sehr beliebten Sammlung von Zungenbrechern, die unter anderem den Spruch »Der Whiskymixer mixt den Whisky mit dem Whiskymixer« berühmt machte, der auf feuchtfröhlichen Festen jener Zeit bis zur Unkenntlichkeit verunstaltet wurde.

4.

Bis zum Anfang des 20. Jahrhunderts, in einer Zeit ohne Feinwaschmittel, war das Muster von Kleidungs- und Wäschestücken oft schon nach wenigen Wäschen nur noch schwach zu erkennen – es war »verwaschen«. Dies wurde auf eine undeutliche Sprechweise übertragen und dann, unter der Bezeichnung »Wischiwaschi«, auf ihren unverständlichen Inhalt.

Auflösung

Berserker

Die richtige Antwort ist **Definition 3** – auch wenn es auf Island keine Bären gibt. Ganz selten nur gelangt ein Eisbär, von Grönland auf einer Eisscholle treibend, auf die Insel. Horst Weinstock verdient eine aufrichtige Entschuldigung: Sein renommiertes Standardwerk enthält keineswegs die etymologische Entwicklung von *bers-serf* zu *beserk*, da die *serfs* von Bers-on-Wye, einschließlich ihres heldenhaften Aufstandes, ja frei erfunden sind, ebenso wie das Familiendrama im Hause der Göttin Serka. Sehr existent sind hingegen die Blaubeeren im Thüringer Wald. Die Drohung mit dem »Bärsööker« hat es jedoch nie gegeben.

Blaustrumpf

Die korrekte Lösung ist **Definition 2**. Wie schön und souverän, dass es bei Lady Montague auf den Inhalt des Kopfes und nicht auf die Bekleidung der Füße ankam! Zwei der anderen Herleitungen sind Mischungen aus Dichtung und Wahrheit. So gibt es den Blaufußtölpel auf den Galapagosinseln tatsächlich, und er hat wirklich blaue Füße und Beine. Je blauer, desto viriler, weshalb das Männchen beim Balztanz dem Weibchen immer wieder seine blauen Füße zeigt. Doch auch die Füße des Weibchens sind und bleiben in jeder Lebenslage blau. Lady Margaret Hall, das erste Frauen-College, existiert ebenfalls. Nur die Uniform, die ist von Kopf bis Fuß erfunden – genauso wie die blauen Strümpfe der Suffragetten.

blümerant

Korrekt ist **Definition 4**: »Sterbendes Blau« – ein schöner Ausdruck, mit dem sich viele sicherlich ab und an identifizieren können … Dass das rheinische Federbett vom französischen *plume* kommt, das stimmt – der Zusammenhang mit »blümerant« ist allerdings Quatsch. »*Ce n'est plus marrant*« ist zwar korrektes Französisch, aber weder die Hugenotten noch sonstige Franzosen haben diesen Ausdruck jemals sprichwörtlich für windige Geschäfte oder Schwächezustände verwendet. Und die (existierenden) Wortbestandteile *plumbum* und *errare* haben niemals zu *plumberrare* und schon gar nicht zu den Benennungen entsprechender Krankheitsbilder geführt.

Brimborium

Hier stimmt **Definition 1** – man hört förmlich die gemurmelten Zauberformeln. Das Grundwort der gesamten Etymologie ist übrigens, auch das unseres Wortes »Brief«, das lateinische Adjektiv *brevis* (»kurz«). Merkwürdige Verwandtschaftsverhältnisse sind das! Und mit Latein geht's weiter: *Primula* und *orare* finden sich zwar im lateinischen Wörterbuch, das Verb *primborare* als Bezeichnung für die blütenhaft zarten Werbungsworte im Frühling hingegen sucht man vergeblich – obwohl es das Phänomen ja bekanntermaßen gibt. Der Fruchtbarkeitsgott Priapus war ein Angehöriger der antiken Götterwelt, allerdings in Griechenland, sodass er keinesfalls als Namensgeber für »Brimborium« infrage kommt. Gleiches gilt für Definition 3, wo alles stimmt – bis auf den etymologischen Zusammenhang. Und *prim and proper* bedeutet im Englischen zwar wirklich »zimperlich, etepetete«, eine Lady Priscilla Prim aber hat in keinem Roman von Charles Dickens je auch nur die kleinste Fahne der Tugend hochgehalten.

Fiasko

Korrekt ist **Definition 1**, die in ihrer wunderbaren Ausführlichkeit auf Christoph Gutknecht (*Lauter blühender Unsinn*) zurückgeht, der wiederum Röhrichs *Lexikon der sprichwörtlichen Redensarten* zitiert. Alles andere ist leider gelogen – bis auf die Straße von Messina, die Meerenge zwischen Kalabrien und Sizilien, die schon Homer zu einer seiner Lügengeschichten inspiriert hat, nämlich zu der Mär von den zwei Ungeheuern, Skylla und Charybdis, die angeblich dort hausten und denen Odysseus nur durch den Rat der Zauberin Circe und seine eigene Klugheit entgehen konnte. Das althochdeutsche Wort *flaska* hatte zwar nichts mit dem »Fiasko« zu tun, bezeichnete aber tatsächlich eine Flasche; es gehört zur Wortfamilie »flechten«: Die Flaschen waren zum Transport und Schutz mit einem Geflecht umgeben.

Firlefanz

Bis auf **Definition 2** sind alle Herleitungen Firlefanz: Die »Firlifanten« gab es, im Gegensatz zu den beliebten »Ottifanten«, natürlich nicht. Tatsächlich im Wörterbuch zu finden ist dagegen das wunderbare finnische Wort *virvatuli* für »Irrlicht«, doch es hat keinerlei Verbindung zu »Firlefanz« oder zur skandinavischen Walpurgisnacht. Und die Wendung *faire l'enfant* gibt es zwar ebenfalls, doch auch hier besteht kein Zusammenhang mit »Firlefanz«.

Galan

Der erste Galan hatte weder griechische noch französische noch arabische Wurzeln, sondern spanische – korrekt ist also die **Definition 3**. Das Schneeglöckchen aus Nummer 1 heißt allerdings auf Griechisch wirklich *galanthos,* auch die Wortbestandteile sind zutreffend. Die zweite Herleitung stützt sich gleichfalls auf Wörter und Ausdrücke, die im Altfranzösischen und Lateinischen existieren, doch der Zusammenhang mit »Galan« ist nicht existent. Und bei Definition 4 ist sprachlich alles erfunden, nicht jedoch die Tatsache, dass bei einer ernsthaften Brautwerbung im traditionellen arabischen Raum der junge Mann zumindest mit seinem Vater der Familie der Braut seine Aufwartung macht und dass vor der Hochzeit eingehende Erkundigungen über die Brautleute und die beiderseitigen Familien eingezogen werden.

Gesindel

Auch wenn niemand mehr auf die Idee kommt, dass es sich bei »Gesindel« um eine Verkleinerungsform handeln könnte: Richtig ist **Definition 1**. Die Bedeutung verlagerte sich mit der Zeit von »kleines Gefolge« hin zu »Hausleute, kleine Dienerschaft«, bevor der Begriff ab dem 16. Jahrhundert abwertend »sich herumtreibendes Volk, Pack« bezeichnete. *Geswinde* und *swinde* sind nie zu »Gesindel« geworden, und das italienische *guisindola* ist ebenso wie seine Bestandteile völlig aus der Luft gegriffen. Auch den Ausdruck »Gesündel« gab es nie. Aber könnte man ihn nicht in die Kirchensprache einführen – als Terminus für alle Sünden, die Spaß machen? Oder für die Sünden, die sich die Kinder in katholischen Gebieten mühsam vor der Kommunionsbeichte ausdenken müssen?

Hagestolz

Zutreffend ist **Definition 4**: Vom Zweitgeborenen, der keinen Erbanteil bekam und es sich daher nicht leisten konnte, eine Familie zu gründen, übertrug sich die Bedeutung von »Hagestolz« später allgemein auf einen unverheirateten Mann. Hagen von Tronje hatte keinen Hag und ist schon gar nicht der Urvater des Ausdrucks »Hagestolz«. Es gab ihn zwar, den grimmigen Hagen, jedenfalls im *Nibelungenlied*, ebenso wie seinen Mord an Siegfried. Die sexualpsychologische Erklärung jedoch, wenngleich gar nicht mal so abwegig, ist nirgendwo belegt. Das eheliche Glück des Götz von

Berlichingen mit Wartburga von Klissingen ist – wie sein eiserner Haken – ebenfalls reine Erfindung. Die Vorstellung, dass Hexen auf Zäunen reiten, existierte dagegen merkwürdigerweise wirklich. Und *stolice* bedeutet im Tschechischen tatsächlich »Stuhl«, die Verknüpfung mit »Hagestolz« ist jedoch blanker Unsinn.

Halunke

Ein Mischmasch aus diversen Grundbedeutungen – zutreffend ist **Definition 4**. Noch heute weist das Tschechisch-Wörterbuch *holomek* (»Ganove«) aus, ebenso wie *holý* (»kahl«, figurativ »bloß, leer«). Da war es gar nicht so einfach, einigermaßen plausible Alternativen zu finden. Gerade war die Wurzel *-unc-* erdacht, da stellte sich heraus, dass es sie im Althochdeutschen wirklich gab – in der Bedeutung »Schlange«. Zusammen mit *hal*, das in der Bedeutung »hell« nicht existiert, ergab sich so der blitzschnell agierende Halunke. Die tatsächlich vorkommenden Wortbestandteile *(h)al(l)ucinari* und *luna* haben keinesfalls den von finsteren Absichten durchdrungenen *Haluno* gebildet. Und auch der böse Berggeist Halonkul hat nie existiert, obwohl es sowohl *hal* (»Salzquelle«) als auch *avunculus* (»Oheim«) gibt. Nur eben nicht als Wortverwandte des Halunken.

hanebüchen

Zutreffend ist die **Definition 1**: Tatsächlich geht der Ausdruck für abwegige, unverständliche Äußerungen und Handlungsweisen auf das knorrige und schwer zu bearbeitende Holz der Hagebuche zurück. Uldaricus Gallus aus der Herleitung 2 lebte wirklich zu der angegebenen Zeit und war Buchdrucker in Rom. Die Strenge seiner Druckwerke und der Zusammenhang mit »hanebüchen« sind allerdings geflunkert; ebendies ist auch der Bezug zu den historisch verbürgten Hanauer Gebrüdern Grimm. Und Definition 4 ist gänzlich hanebüchen, also von A bis Z erstunken und erlogen.

Hungertuch

Richtig ist **Definition 1**: Es hieß nicht »nagen«, sondern »nähen«, und das *hungertuoch* war das Tuch, mit dem zur Fastenzeit der Altarraum verhängt wurde. Vergleichbar dem Tuch, mit dem Menschen heutzutage, die sieben Wochen lang ohne Fernsehen auskommen wollen, den Fernsehbildschirm verhängen. Nur viel größer ... Alles andere stimmt nicht bzw. ist aus Dichtung und Wahrheit zusammengesponnen: Es gibt natürlich Hauptmanns Theaterstück *Die Weber*, ebenso wie Wilhelm Buschs Gedicht. Und auch der Verweis auf die Ritter ist nicht komplett geschwindelt: Junge Knappen mussten vor ihrem Ritterschlag eine Nacht lang in weißen Gewändern im Gebet bei ihren Waffen verharren, was laut Professor Hans W. Klein durch den Ausdruck *passer une nuit blanche* (»eine weiße – also schlaflose – Nacht verbringen«) ins

Französische eingegangen ist (vgl. sein Standardwerk: *1000 idiomatische Redensarten Französisch*).

Karambolage

Korrekt ist **Definition 4.** Im Gegensatz zur Wortherkunft von »Karambolage« ist der Ursprung des Billards ungeklärt. Es heißt, dass sich das Spiel im Zuge der Französischen Revolution in Frankreich anders entwickelt habe als in England: Man verzichtete auf Hindernisse und Taschen und schuf so das Präzisionsspiel Karambolage. Der Wacholderschnaps Krambambuli hingegen ist zwar schon durch viele Kehlen geronnen (vgl. das studentische Trinklied: »Trink Wasser wie das liebe Vieh / und denk, es wär Krambambuli«), doch der Zusammenhang mit »Karambolage« ist konstruiert – ebenso wie die Herleitung aus dem Spanischen. Und obwohl das Hinzufügen von Sahne zum geschmolzenen und gebräunten Zucker in der Tat ein schwieriger Moment beim Zubereiten von Karamell ist, hat dieser Prozess in dem Ausdruck »Karambolage« keinerlei Niederschlag gefunden.

Kauderwelsch

Korrekt ist die rätoromanische Herkunft des Wortes, also **Definition 3** – auch wenn Definition 1 durchaus passend wäre, da im Grunde alles darin Genannte stimmt, besonders der Ortsname, der allerdings meist mit LLanfair (ausgesprochen »Chlanfär«) abgekürzt wird. Nur der Zusammenhang mit »Kauderwelsch« stimmt nicht, obwohl »Walisisch« sich ebenfalls vom Namen für den keltischen Stamm der Volcae ableitet – wie »Welsch«. Professor Kauderwelt hingegen hat weder gelehrt noch je gelebt; Gleiches gilt für Bruder Josephus Kauder, der sein Unwesen mangels Existenz niemals treiben konnte, weshalb ihm auch die Exkommunikation erspart blieb.

Kladderadatsch

Zutreffend ist die **Definition 2**. Das Wochenblatt *Kladderadatsch* (1848–1944), dessen Titel zum Ausdruck für das Zusammenbrechen der bürgerlichen Gesellschaft wurde, war von Anfang an sehr erfolgreich; die erste Ausgabe war innerhalb eines einzigen Tages ausverkauft. Das Blatt vertrat unter Bismarck eine nationalliberale Position und unterstützte dann, mit zunehmend antisemitischen Tendenzen, den Nationalsozialismus, was letztlich auch zum Kladderadatsch der Zeitschrift führte. Die russische Etymologie ist, abgesehen von den tatsächlich vorhandenen Germanismen im Russischen, von Anfang bis Ende erlogen. Die Wörter »Kladde« und *ravage* gibt es zwar, nicht jedoch die Zusammensetzung zu »Kladderadatsch« und dessen universitäre Bedeutung. Und der schwedische Volkstanz muss, trotz der Existenz seiner sprachlichen Bestandteile, auch in Zukunft im Land der Fantasie weitergetanzt werden.

Larifari

Die korrekte etymologische Herleitung ist **Definition 4**. Es war der Benediktinermönch Guido von Arezzo, der um das Jahr 1000 die Idee hatte, die Töne der damals noch sechsstufigen Tonleiter mit den Anfangssilben des Johannes-Hymnus zu bezeichnen, und damit die Lernzeit für die Choräle der Gregorianischen Gesänge von ca. zehn Jahren auf ca. ein Jahr verkürzte. Der angebliche Wortursprung *lares facere* enthält zwar ausschließlich existierendes Wortmaterial, und auch die Tendenzen zur Zeit des Niedergangs des Römischen Reiches waren von, nun ja, moralischer Auflösung gekennzeichnet, doch dass man in dieser Epoche seinen Stammbaum fälschte und dieses Vorgehen die Grundlage für »Larifari« bildete, das hält einer wissenschaftlichen Überprüfung nicht stand. Dario Larifari hat sich, wie das seine Art ist bzw. wäre, wenn es ihn denn gäbe, unberechtigterweise in die Etymologie geschlichen, und die Larini-Nüdelchen müsste man noch erfinden, weshalb sie auch nicht der Wortursprung von »Larifari« sein können.

Marotte

Nur die **Definition 3** ist keine persönliche Marotte der Autorin. Claude Duneton (*La puce à l'oreille*) zitiert ein altes französisches Sprichwort: »*Si tous les fols* (sic!) *portoient* (sic!) *marotte, on ne sait de quel bois on se chaufferait!*« (»Wenn alle Narren einen (hölzernen) Narrenstab trügen, wüsste man nicht, mit welchem Holz man ein wärmendes Feuer machen sollte!«) Was für ein Glück für den deutschen Wald, dass unsere Marotten nicht aus Holz sind! Giovanni di Marotta hat nie gelebt, weder in Neapel noch sonst irgendwo. Wie bedauerlich – so ein netter, skurriler Typ! Und obwohl es das Wort *markatta* im Schwedischen in der Tat gibt, so war es doch keineswegs die linguistische Grundlage für »Marotte«. Auch das Wort *maraud,* das dann zu »Marodeur« wurde, existiert im Französischen tatsächlich – zu den frechen kleinen Normanninnen und »Marotte« führte es allerdings nicht. Schade eigentlich, es wäre eine charmante Wendung für den lumpigen *maraud* gewesen ...

Mumpitz

Richtig ist die **Definition 2**, was beweist, dass auch im 19. Jahrhundert der Börsenhandel selten mit Seelenruhe verbunden war. Der Mumps aus der Ableitung 1 stammt sprachlich wirklich von »mummeln« ab, steht aber in keinem Zusammenhang mit »Mumpitz«. *Mumken* heißt weder im Brüsseler noch in irgendeinem sonstigen Dialekt der Welt »Fläschchen«, das Manneken Pis aber steht tatsächlich seit 1619 auf seinem Platz und hat ein Denkmal bekommen, weil es angeblich ein Feuer, das die Stadt bedrohte, einfach ausgepinkelt hat. Im Übrigen steht am Brunnen in Brüssel natürlich eine Kopie – allzu groß ist die Versuchung, das Manneken zu klauen. Und die – oder wie man in Köln sagen würde: *et* – Muhm Pütz? Tja, die ist einfach nur vollkommener Mumpitz.

Palaver

Ohne langes Palaver: Richtig ist **Definition 1**, wobei offenbar englische Seeleute den Ausdruck *palaver* für »Unterredung, Geschwätz« von Afrika in ihre Heimat trugen, von wo aus er in den deutschen Sprachgebrauch einging. Von der zweiten Herleitung stimmt nur das Wort *barcarola,* und auch die Volksbelustigung *parabolare vere* hat es im alten Rom nie gegeben – geschweige denn die Wendung als solche. Das Gemälde von seinen Kindern hat Carl Larsson wirklich gemalt – der Begriff *pallabbla* aber würde ihn, wie jeden Schweden, in Verwirrung stürzen.

Pappenstiel

Die Lösung ist **Definition 3**. Die harntreibende Wirkung des Löwenzahns hat im Übrigen auch sprachlichen Niederschlag gefunden: So lautet der Trivialname der Pflanze in Flandern *pisbloom,* und auch in Frankreich ist sie unter dem Namen *pissenlit* (von *pisser en lit,* »Bettnässen«) bekannt – neben *dent-de-lion,* »Löwenzahn«. Die anderen Definitionen – die Fastnachtsbelustigung, die priesterliche »Ausstattung« sowie die Sitzgelegenheit aus Pappelholz – sind von A bis Z erlogen.

Papperlapapp

Korrekt ist die **Definition 2**: Der Ausdruck hängt tatsächlich mit »papp«, das in der Wendung »nicht mehr papp sagen können« wie auch in »pappsatt« vorkommt, zusammen. Entstanden ist »papp« vermutlich als kindliches Lallwort, das die Lippenlaute beim Essen nachahmt. Die renommierte Eberhard Karls Universität Tübingen gab und gibt es. Auch schwer verständliche Vorlesungen sollen, nicht nur in Tübingen, hier und da bereits vorgekommen sein. Pius Papperlapp allerdings ist, mangels Existenz, daran ganz und gar unschuldig. In Definition 4 stimmen alle Details der Pappe-Produktion; die Verwendung des Wortes als Bezeichnung für die unbrauchbare Lehrlingsarbeit ist allerdings, ebenso wie die Etymologie, den Fakten lediglich angekleistert. Und sowohl die Rheinlandbesetzung durch die Franzosen als auch der Ausdruck *papotage* sind zwar zweifelsfrei belegbar, nie aber ist aus dieser Kombination und mithilfe der rheinischen sprachlichen Kreativität der Ausruf »Papperlapapp« entstanden.

Pleitegeier

Zutreffend ist die **Definition 1**: Neben dem Wappenadler trug sicherlich auch der schlechte Ruf des Aasfressers zur Entstehung des »Pleitegeiers« bei. Heutzutage wird der Begriff meist nicht mehr auf den Bankrotteur selbst angewendet; stattdessen dominiert das Bild der kreisenden »Pleitegeier« über ihm. Das schöne lateinische Wort *palota* ist ebenso erfunden wie die englische Ableitung *pallot.* Schuldtürme gab es, säumige Schuldner mussten aber nicht die Todesstrafe und damit auch nicht den Verzehr durch die Pleitegeier fürchten. Der Pleitegeier im Pass stimmt natürlich auch nicht. Aber den Pass als solchen – vom lateinischen *passare* (»hindurchgehen«, vgl. auch das französische *passeport* von *porte* für »Tür«, also ein Papier, das das Passieren von Türen und Toren erlaubt) – gibt es in unterschiedlichen Formen und Funktionen seit dem 8. Jahrhundert, etwa als militärischen Passierschein, als Leumundszeugnis für anständige Händler und, zu Zeiten der Pest, des »schwarzen Todes«, sogar als Gesundheitszeugnis.

Querulant

Das ist selbstverständlich alles gar nicht wahr – bis auf die Herleitung in **Definition 4**: Schon die alten Römer haben häufig geklagt und sich lautstark beschwert, in der Hoffnung, ihren Willen letztlich durchzusetzen. Auch wenn die erste Definition nichts mit dem Querulanten zu tun hat, war die Prachtentfaltung der historischen Kirchen und Schlösser schon auch dazu da, die normalen Sterblichen einzuschüchtern. Was den eichenharten altgermanischen Haudegen »*Kver*-Ruland« betrifft, so hätten ihn die christlichen Missionare, wenn es ihn denn gegeben hätte, mit Sicherheit als heidnisch verdammt, verharmlost und dann (zumindest sprachlich) vereinnahmt, vgl. das Reich der germanischen Totengöttin Hel, das zu »Hölle« wurde. Und Querfurt bei Halle existiert tatsächlich – die dort ansässigen Geschäftsleute sind jedoch alle ehrbar.

Rabauke

Korrekt ist **Definition 3**: Endlich einmal ist ein erotischer Begriff vom Deutschen bzw. Mittelhochdeutschen ins Französische übergegangen und nicht umgekehrt. Wobei – besonders erotisch klingt *riben* natürlich nicht. Aber immerhin ... Was die anderen Erklärungen betrifft: Im Berlin der frühen 1920er-Jahre kam tatsächlich als neue Modeströmung die Freikörperkultur auf. Ihre Anhänger waren jedoch überaus friedlich und ließen sich niemals unter Anleitung des – erfundenen – Jeremias Ràbock zu irgendwelchen Exzessen hinreißen. Auch die Wörter *débauche* und *rabattre* (das außerdem gar nicht »wiederholt schlagen«, sondern nur z.B. »(Kragen) herunterklappen« bedeutet) haben sich entgegen anderslautenden Gerüchten nie zu *rabauchants* vereinigt, obwohl es Herren mit den entsprechenden Verhaltensweisen bestimmt hier und dort gegeben haben mag. Vielleicht sogar in Göttingen. Aber die Rapauken-Burschenschaftler, die gab es ganz sicher nicht. Ebenso wenig wie das angeblich zugrundeliegende Verb.

Scharlatan

Zutreffend ist die **Definition 4**. Interessanterweise ist das »Schwatzen«, auf dem »Scharlatan« basiert, ebenfalls im Begriff »Quacksalber« enthalten, der auf den niederländischen *kwakzalver* zurückgeht: Dieser pries »prahlend« (*kwakken*), also marktschreierisch, seine Salben an. Die drei anderen Etymologien von »Scharlatan« bedienen sich zwar durchaus existierender Bestandteile – von der

Mafia in Palermo über die Vergrößerungsform *-one* im Italienischen, die *padre* zu *padrone* werden lässt, über den Dreißigjährigen Krieg bis hin zu den Schrecken der Syphilis in vorantibiotischen Zeiten –, sind aber ansonsten, genau wie die Heilkraft der Mittel von Scharlatanen, komplett erlogen.

Schema F

Definition 2 gibt die korrekte Herleitung des Ausdrucks wieder: Die Vordrucke des preußischen Militärs waren tatsächlich mit einem »F« für »Frontrapport« gekennzeichnet. Ein entsprechendes Formular hat verdienstvollerweise der Hamburger Historiker Joachim Telgenbüscher zur allgemeinen Betrachtung ins Netz gestellt. Alle anderen Etymologien sind ausgedacht – auch wenn es natürlich das ausbeuterische System der Leibeigenschaft gab und schulische und universitäre Leistungen auch heute noch oft rein nach »Schema F« bewertet werden. Und selbstverständlich hat Schnitzler im 19. und frühen 20. Jahrhundert zahlreiche Novellen über den gesellschaftlichen Zustand der damaligen Donaumonarchie verfasst. Nur die Novelle über Fannys »Schema F«, die hat er keineswegs geschrieben.

Schlafittchen

Korrekt ist die **Definition 4**: Das unsanfte Am-Kragen-Packen geht tatsächlich auf die Fittiche zurück, die ja heute – als Relikt sprachlicher Vergangenheit – nur noch in der Form des fürsorglichen Unter-die-Fittiche-Nehmens bekannt sind. Alles andere ist geflunkert. Jedenfalls fast alles. Das Shakespeare-Zitat und die symbolische Bedeutung von *white* stimmen (wobei allerdings mit dem »weißen Herzen« von Lady Macbeth auch »unschuldig« gemeint sein könnte). Und auch der schlechte Ruf der Slowenen, der sich in der Verballhornung »Schlawiner« niedergeschlagen hat, ist ungerechterweise (sprachlich) verbürgt. Aber mit »Schlafittchen« besteht keinerlei Zusammenhang.

Schlamassel

Die **Definition 2** ist wahr: Das Wort mit den jiddischen Wurzeln wurde aus der Sprache der Gauner übernommen, die sicherlich des Öfteren in einen Schlamassel hineingeraten. Ansonsten: Alles Quatsch! Es gibt zwar im Schwedischen sowohl *slam* als auch *massa*, aber die Geschichte vom zähen Rübenbrei ist komplett erfunden. Ebenso die arme Hazel aus dem *Slam-Hazel*-Spiel und die arabische Wendung *»Salam azul«*, in der sich allerdings der tatsächlich vorhandene arabische Schicksalsglaube, also ein gewisser Fatalismus (vgl. »Kismet«) ausdrücken würde, wenn es den Ausdruck denn gäbe …

Schwerenöter

Definition 2 stimmt. Die Epilepsie wurde je nach Religion und Mythologie jahrhundertelang als Besessenheit durch Hexen oder böse Geister, bisweilen aber auch, im Altertum und bei manchen Naturreligionen, als besondere Gabe gesehen, die mit der Fähigkeit des Weissagens verbunden war. Heutzutage ist der Ausdruck »Schwerenot« höchstens noch als Teil des entrüsteten Ausrufs »Schockschwerenot!« bekannt. Alle anderen Herleitungen sind erfunden – sowohl Definition 1, nach der im Übrigen Goethes Faust ein typischer Schwerenöter gewesen wäre, als auch Erklärung 3, denn auch der dubiose Graf Notker hat nie gelebt, weder in Schwerin noch anderswo. Und obgleich alle Wortbestandteile in Definition 4 belegt sind – mit »Schwerenöter« haben sie rein gar nichts zu tun.

Standpauke

Richtig ist die **Definition 4**, die Grabrede, die durch Studenten zur nachdrücklichen Strafrede wurde – die ja eigentlich hätten pauken, also lernen müssen. Der »Pauker« als Bezeichnung für »Lehrer« hingegen ist tatsächlich die Kurzform von »Arschpauker«, weil er als jemand galt, der den Schülern beim Unterrichten auf den Allerwertesten schlug. In Definition 1 stimmt der eine oder andere sprachliche Bestandteil, und auch Solon der Versöhner hat zwar gelebt, sich aber nie in das römische Heeressystem eingemischt. Konnte er auch nicht, denn er war Grieche, lebte im klassischen

Griechenland und war maßgeblich an der Bildung der attischen Demokratie beteiligt. Erklärung 2 ist einfach gelogen, obwohl es die Standpauke als Instrument natürlich gibt. Und die dritte Herleitung enthält mit *peccatum* immerhin ein einziges wahres Element, aber alles andere ist geflunkert. Noch nicht mal das Wort *stansa* existiert im Lateinischen.

Tohuwabohu

Der Ausdruck klingt fast nach stammesreligiösen Voodoo-Riten. Und tatsächlich stammt er aus dem Bereich der Religion, allerdings der jüdisch-christlichen Religion, denn **Definition 1** entspricht der korrekten Herleitung. Die beiden bösen Buben sind nie durch die Erzählungen der kenianischen Kinderfrauen begeistert, und der schwungvolle Twowaboo blieb ungetanzt. Im Finnischen, das mit den zahlreichen i-Lauten an den Wortenden eine unglaublich charmante Sprache ist, gibt es zwar sowohl *tohveli* (»Pantoffel«) als auch *vohveli* (»Waffel«). Eine Redewendung ist daraus jedoch nicht geworden – und noch viel weniger natürlich das Wort »Tohuwabohu«.

Tollpatsch

Den Zustand nach exzessivem Alkoholgenuss kennen ja nicht nur die Angehörigen der englischen Aristokratie. Niemals jedoch ist er mit der Wendung »*I have a dull patch*« beschönigt worden. Und Tollkirschen rufen zwar tatsächlich die in Definition 2 beschriebenen Symptome hervor, haben aber sprachlich mit »Tollpatsch« ebenso wenig zu tun wie das komplett erfundene Wort *trollbaas*. Korrekt ist **Definition 3**. Vielleicht würde man eher darauf kommen, wenn man sich an der ursprünglichen Schreibung orientieren könnte, die bis zur Rechtschreibreform »Tolpatsch« lautete – weil das Wort eben mit »toll« gar nichts zu tun hat. Die neue Schreibweise basiert demnach im Grunde auf einer Volksetymologie, die dem Ausdruck eine unbeholfene Note verleiht.

verballhornen

Definition 2 – die Ableitung vom Buchdrucker Balhorn, die klingt, als hätte man sie sich ausgedacht – ist die korrekte Antwort. Was wieder einmal beweist, dass das englische Sprichwort »*Truth is stranger than fiction*« den Nagel auf den Kopf trifft. Der Sigurd aus der *Edda* erschlug nicht das Baalhorn, obwohl er das bestimmt geschafft hätte. Und *verbalisationner* hat mit »verballhornen« nichts zu tun, da es gar nicht existiert; somit hängt es auch nicht mit dem segensreichen *Code Napoléon* zusammen, der mit dafür verantwortlich ist, dass wir nicht mehr der Gerichtsbarkeit der Inquisition unterliegen. Was die schmückenden Wörtchen anbelangt: Die gibt es im Lateinischen natürlich zuhauf. Der Ausdruck *verbulis ornatus* ist jedoch reine Fiktion.

verhohnepipeln

Zutreffend ist **Definition 3**: Hohlhippen, meist zu dünnen, knusprigen Röhrchen gedreht, gibt es auch heute noch zu kaufen. Gelogen ist dagegen die erste Herleitung – auch wenn alle Einzelbestandteile der Wahrheit entsprechen und sie daher durchaus glaubwürdig erscheint. Laut der charmanten Legende entstand der Wahlspruch des englischen Hosenbandordens (ziemlich frei ins Deutsche übertragen durch: »Ein Schelm, der Böses dabei denkt«), als der Countess of Salisbury, Catherine Grandison, der angeblichen Geliebten von König Edward III. von England, beim Tanz das blaue Strumpfband vom Bein rutschte, woraufhin der König es aufhob, sich selbst anlegte und den bekannten Ausspruch tat. Leider ist diese Geschichte wahrscheinlich ebenso erfunden wie der gestrenge Sigismund Honepiper und das Lied der Comedian Harmonists sowie die Hohnebibel samt ihrem traurigen Ende auf dem Scheiterhaufen.

Wischiwaschi

Die Etymologie ist aus so vielen Bestandteilen zusammengesetzt, dass sie selbst ein wenig verwaschen erscheint – richtig ist dennoch **Definition 2**, die Anlehnung an »Gewäsch«. Interessant ist in diesem Zusammenhang auch das Wort »Wisch« für »Blatt Papier mit dümmlichem Geschreibsel«. Es hat sich aus dem althochdeutschen *ars-wisc* entwickelt, das genau das bedeutete, was Sie gerade denken. Es meinte zunächst »Strohbüschel, zusammengedrehtes

Bündel« (Klopapier gab es also offenbar noch nicht) und nahm dann die Bedeutung »wertloser Kram« an. Die Hutschleier, die die Trägerinnen so unkenntlich wie möglich machten, gab es tatsächlich, sie hießen aber keineswegs *Fichu de Vichy*. Was allerdings ein hübscher Zungenbrecher sein könnte, ähnlich dem des Whiskymixers – versuchen Sie's doch mal!

Literatur (Auszug)

Duden: Das Herkunftswörterbuch. Etymologie der deutschen Sprache, 2. Auflage, bearbeitet von Günther Drosdowski, Mannheim u. a.: Dudenverlag 1989

Duneton, Claude, *La puce à l'oreille. Anthologie des expressions populaires avec leur origine,* Paris: Le Livre de Poche 1990

Gerste, Ronald D., *Wie Krankheiten Geschichte machen. Von der Antike bis heute,* Stuttgart: Klett-Cotta 2019

Gutknecht, Christoph, *Lauter blühender Unsinn. Erstaunliche Wortgeschichten von Aberwitz bis Wischiwaschi,* München: C. H. Beck 2001

Klein, Hans-W., *1000 idiomatische Redensarten Französisch*, 20. Auflage, Berlin: Langenscheidt Verlag 1974

Mahrenholtz, Katharina, *Luftikus und Tausendsassa: verliebt in 100 vergessene Wörter*, Berlin: Dudenverlag 2018

Meyers Großes Taschenlexikon in 24 Bänden, Mannheim u. a.: Bibliographisches Institut 1981

Thiel, Erika, *Geschichte des Kostüms. Die europäische Mode von den Anfängen bis zur Gegenwart*, Berlin: Henschel Verlag 1997

Andrea Schomburg ist Kabarettistin und Autorin. Sie lehrt Lyrik und Theatertechniken an der Universität Lüneburg und hat neben Lyrikbänden für Erwachsene zahlreiche Kinderbücher veröffentlicht. Schon während ihres Sprachenstudiums war sie fasziniert von etymologischen Wörterbüchern und Wortgeschichte(n). Gemeinsam mit Irmela Schautz entwickelte sie die Idee, ein Buch über die Herkunft von »verrückten« Begriffen zu schreiben. Bei der Betrachtung der einzelnen Ausdrücke und ihrer spannenden Ursprünge drängten sich neue Wortgeschichten geradezu auf, und so schuf Andrea Schomburg zusätzlich zur Erläuterung der korrekten Herleitung der Begrifflichkeiten auch jeweils drei Etymologien, die zwar nicht der Wahrheit entsprechen, aber durchaus wahr sein könnten. Dabei ließ sie nicht nur ihrer Fantasie freien Lauf, sondern griff auch auf ihre Kenntnisse der Sprachen, der Mythologie, Geografie und Geschichte sowie auf die entsprechende Fachliteratur zurück.

Irmela Schautz studierte Malerei und Grafik in Münster sowie Bühnen- und Kostümbild in Stuttgart und lehrt heute an der Akademie für Illustration und Design in Berlin. Sie ist Spezialistin für das besondere Buch – ihre Arbeit wurde national und international ausgezeichnet. Sie versteht sich nicht nur als Illustratorin, sondern auch als »Regisseurin auf dem eigenen Blatt«, als »Detektivin und Entdeckerin«. Bei dem vorliegenden Projekt war es ihr Ziel, auf der Basis einer umfassenden sozial-, kultur- und geschichtswissenschaftlichen Recherche illustratorisch zu arbeiten und auf diese Weise das Spiel mit Wortursprüngen und -bedeutungen um weitere Dimensionen zu bereichern.

Entstanden ist ein spannendes Potpourri aus Texten und Bildern. Apropos – kennen Sie den Ursprung von »Potpourri«?

FSC
www.fsc.org
MIX
Papier aus verantwortungsvollen Quellen
FSC® C084279

Erste Auflage 2020

Text: Andrea Schomburg
Illustrationen: Irmela Schautz
Verlagskoordination: Vera Maas
Lektorat: Kerstin Thorwarth
Layout und Satz: Birgit Haermeyer
Druck und Verarbeitung: Print Consult GmbH, München
Gedruckt auf säurefreiem und chlorfrei gebleichtem Papier

Printed in Slovakia
ISBN 978-3-8321-9966-1
www.dumont-buchverlag.de